说与接的痛点

李清军 著

海豚出版社
DOLPHIN BOOKS
中国国际传播集团

图书在版编目（CIP）数据

说与接的痛点 / 李清军著. -- 北京：海豚出版社，2025.6. -- ISBN 978-7-5110-7426-3

Ⅰ.H019-49

中国国家版本馆CIP数据核字第2025SZ0510号

出 版 人：	王　磊
策　　划：	吕玉萍
责任编辑：	熊　隽
装帧设计：	彭明军
责任印制：	蔡　丽
法律顾问：	北京市君泽君律师事务所　马慧娟　刘爱珍
出　　版：	海豚出版社
地　　址：	北京市西城区百万庄大街24号
邮　　编：	100037
电　　话：	010-68325006（销售）　010-68996147（总编室）
印　　刷：	三河市天润建兴印务有限公司
经　　销：	全国新华书店及各大网络书店
开　　本：	16开（710 mm×1000 mm）
印　　张：	13
字　　数：	150千
版　　次：	2025年6月第1版　2025年6月第1次印刷
标准书号：	ISBN 978-7-5110-7426-3
定　　价：	49.80元

版权所有　侵权必究

本书二维码自版权页所标注印刷之日起三年内有效。

如有缺页、倒页、脱页等印装质量问题，或使用过程中有问题，请拨打服务热线：宋洪博 / 17533645954

前言
Preface

春秋末期，齐王派遣个头矮小的齐国大夫晏子出使楚国。楚王想羞辱晏子，就让人在城门旁边开了一个五尺来高的小洞，"请"晏子从这个小洞进去。晏子看了看小洞，说道："只有出使狗国的人，才从狗洞进去。今天我出使的是楚国，应该不是从此门进去吧。"

面对对方的侮辱，晏子非常平静，他的回话，不仅维护了自己的尊严，还巧妙地反击了对方。

每当读到这样的故事，我们都希望那个善于辞令、能够巧妙接话回话的人是我们自己。而现实中，很多人却是这样的：

一次不经意的接话，让原本融洽的氛围瞬间凝固；

一次未能及时捕捉关键信息的回应，让对方的热情逐渐消退；

一次不经大脑、脱口而出的反驳，让朋友的心灵受到创伤；

一次未经仔细倾听的回话，让自己陷入工作的困境；

一次未识别面试官"机关"的回话，让自己与机遇失之交臂；

……

这些情况的背后，隐藏着我们接话回话的痛点——缺少理解、不够理性、表达不当、不懂沟通技巧……它们如同沟通的绊脚石，阻碍着信息的有效传递与观点的顺畅表达。

不过，也正是这些痛点，构成了我们提升沟通能力的宝贵契机。《接话回话的痛点》一书，从现实生活中常见的场景入手，透过心理学、社会学、语言学等多重视角，深入分析了痛点产生的原因、造成的后果，以及对人际关系的不良影响……更重要的是，书中还提供了直面和解决这些痛点的方法、技巧以及生动的接话、回话实例。

我们相信，通过本书的引导并经由你的实践，那些"痛点"将不再成为"痛点"。在未来的日子里，无论是与亲朋好友的日常交流，还是与领导客户的职场对话；无论是与新同事、相亲对象寻找共鸣，还是与专业人士的观点碰撞，你都能更加从容自信地应对，让每一次对话都成为增进理解、加深感情、促进合作的桥梁。

《论语》中说："一言可以兴邦，一言亦可丧邦。"可见，语言的力量是强大的。当我们解决了自己沟通方面的痛点，语言就会成为助力我们梦想翱翔的羽翼。

目录 Contents

第一章 接话没有人情味，无法建立共鸣 —————— 1

- 一、你就如此吝啬你的赞美和鼓励吗 —————— 2
- 二、"无情"的诚实要不得 —————— 5
- 三、不考虑他人的感受，会没朋友的 —————— 8
- 四、莫要对夸赞无动于衷 —————— 11
- 五、语气问题常被人忽视，但它很重要 —————— 14
- 六、你是"杠精"附体吗 —————— 17
- 七、你一点儿也不关心我 —————— 20

第二章 说话没分寸，做不到点到为止 —————— 23

- 一、喋喋不休惹人厌 —————— 24
- 二、话说十分满，做事到几分 —————— 27
- 三、开这种玩笑，我跟你很熟吗 —————— 30
- 四、哪壶不开提哪壶，有意思吗 —————— 33
- 五、你需要了解一些禁忌话题 —————— 36
- 六、莫要一时冲动逞口舌之快 —————— 39
- 七、直言不讳要分场合 —————— 42

第三章 不委婉不动听，难以以情动人 —————— 45

- 一、是什么打动了他的心 —————— 46
- 二、我懂了！你的对比帮我作出选择 —————— 49
- 三、我怎么不会一语双关呢 —————— 52
- 四、"玩梗"？"梗"怎么玩 —————— 55
- 五、说得真好！让我忍不住憧憬未来 —————— 58
- 六、你的"灵魂拷问"，让我如何回话 —————— 61

第四章　含含糊糊，做不到精准表达 —————— 65

 一、我的话漏洞百出吗 —————————— 66
 二、你成功地把我绕晕了 ————————— 69
 三、请先说当务之急 —————————— 72
 四、能用一句话概括你的观点吗 ——————— 75
 五、你怎么总是含糊其词的 ———————— 78
 六、你的口头禅是"那个"吧 ——————— 81

第五章　语言干巴呆板，玩不转幽默 —————— 85

 一、来点儿幽默，拯救我的尴尬吧 —————— 86
 二、既然你这么幽默，我们就一笑泯恩仇 ——— 89
 三、对朋友，我要如何表达不满 ——————— 92
 四、你的笑话有点儿冷，不过我喜欢 ————— 95
 五、我只是在自嘲 ——————————— 98
 六、"歪解"竟然也幽默 ————————— 101

第六章　不会倾听，不能先听后说 —————— 105

 一、领导有暗示？我怎么没听出来 ————— 106
 二、客户为什么没下文了呢 ———————— 109
 三、原来是我漏听了"关键词" ——————— 112
 四、算了，我跟你说不清楚 ———————— 115
 五、怎么总是教育我？我只是想倾诉一下 —— 118
 六、我该怎么安慰失恋的你 ———————— 121

第七章　不懂拒绝，总是为难自己 —————— 125

 一、他的请求触碰了我的底线，怎么办 ——— 126
 二、我有理由拒绝他吗 —————————— 129
 三、又要拒绝，还不想伤和气，好难 ———— 132

四、我可以谢绝这样的好意吗 ---------------------------------- 135
　　五、怎么拒绝？以后还要合作 ------------------------------------ 138
　　六、我都拒绝了，他怎么还不放弃 -------------------------------- 141
　　七、被表白，却不是心仪的他/她，怎么办 ------------------------ 144

第八章　害怕面对"新"人，无法融入新圈子 ----- 147

　　一、怎么认识邻座的他/她 -------------------------------------- 148
　　二、初来乍到，"多说"还是"少说" ------------------------------ 151
　　三、和新同事聊些什么 -- 154
　　四、怎样才能让聊天继续 -- 157
　　五、如何拉近我们的关系 -- 160
　　六、不小心说错话了，还能挽回吗 -------------------------------- 163

第九章　无法驾驭话题，只能"尬聊" ----------- 167

　　一、"天要下雨了"。"是的。"然后呢 ----------------------------- 168
　　二、该不着痕迹地转换话题了吗 ---------------------------------- 171
　　三、我们的共鸣在哪里 -- 174
　　四、遇上负面话题，让我说什么好 -------------------------------- 177
　　五、又冷场了，如何破 -- 180
　　六、遇上专业人士，怎么聊 -------------------------------------- 183

第十章　面对尴尬问题，难以得体回应 ----------- 187

　　一、他在给我"挖坑"，我如何避开 ------------------------------ 188
　　二、我该怎么应对他/她的嘲讽 ---------------------------------- 191
　　三、竟然当众揭我短 -- 194
　　四、他凭什么对我进行言语攻击 ---------------------------------- 197
　　五、遭遇窘境时，我怎么解围 ------------------------------------ 200

第一章

☑ AI沟通技巧指导人
☑ 听·有声伴读
☑ 拓·知识边界
☑ 写·读书笔记

即刻扫码

接话没有人情味，无法建立共鸣

　　聊天、对话是我们与人交流的常用方式，还是构建人际关系、传递信息、增进理解、表达情感的重要途径。作为交流中的一方，如果你能在接话回话时展现出浓浓的人情味，那就代表你的情商较高。

　　这种人情味可以体现在对他人的尊重、真诚的赞美上，可以体现在语气的温和与友善上，还可以体现在与对方共情，给对方恰当的回应和支持上……

　　如果我们的话语中充满了人情味，就会让对话更顺畅地进行，让对话的另一方如沐春风。不仅能拉近你与对方的距离，让对方感到温暖和舒适，还能让对话的气氛更加温馨和融洽。

说与接的痛点

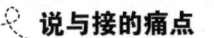

一、你就如此吝啬你的赞美和鼓励吗

痛点面面观

中午在公司食堂吃饭,同事小李高兴地跟我说:"我今天终于完成了一个大项目,真是累死我了。"我说:"做项目都很累。"小李说:"是啊,不过我觉得自己做得还不错,至少比上次好多了。"我说:"那你还有改进空间,下次继续努力。"小李站起来说:"真没劲!我还以为你会夸夸我,或者鼓励一下我呢。"说完端着饭转身走了。我惊呆了,心想:"我是真的为他高兴,并希望他更好的,只是我不善表达呀!"

直击痛点

在社交中，接话时表达赞美和鼓励是一种非常有效的沟通方式，能使人际关系更和谐。然而，下面几种情况可能会使人吝惜于表达赞美和鼓励。

1. 内向、严肃或者自我要求严格

这种性格可能会使人不常表达赞美和鼓励，甚至会认为赞美和鼓励是多余的，或者担心自己的赞美不够真诚。

2. 成长在强调自我批评和完美主义的环境中

这种环境往往教导人要谦虚、不要骄傲自满，所以他们在社交中也更倾向于指出他人的不足，而不是赞美和鼓励。

3. 所处的工作环境强调竞争和成果

这种工作环境通常不强调团队合作和相互支持，因而，身处其中者也认为赞美和鼓励会削弱团队的竞争力，或者将赞美和鼓励视为讨好的表现。

4. 误解赞美的含义和目的

认为赞美是虚伪的或者不必要的，只需要用结果来证明就足够了。

5. 缺乏表达赞美和鼓励的表达技巧

可能不知道如何恰当地表达赞美，或者担心自己的赞美会被误解为奉承或讨好。

6. 对自己的能力和价值缺乏自信

这种人担心赞美他人是对自己能力的贬低，或者担心被他人超越，因此不愿意轻易赞美和鼓励。

说与接的痛点

教你止痛

赞美和鼓励能够传达出我们对他人的尊重和欣赏，被赞美和鼓励的人也会感到更加自信。因此，在接话时要恰当地表达赞美和鼓励，从而营造愉悦的谈话氛围。

1. 直接赞美

当对方分享成就或好消息时，直接表达你的赞美和鼓励，但要避免夸张或虚假的言辞，保持真诚和自然。

> 哇，大项目这么快就完成了，真是太棒了！你真厉害！

2. 肯定对方的努力

根据对话的具体内容和情境来选择合适的角度进行赞美和鼓励，使表达更具体。比如，强调对方所付出的努力和时间，会让对方感受到你的真诚。

> 我知道这个项目你投入了很多精力，看到你的成果我真的很开心。

3. 使用鼓励性语言

对方诉说了失败的沮丧，或者阐述遇到的困难、挑战时，用鼓励的话语来安慰对方，语气要温和、真诚，同时配以积极的表情和肢体语言，给对方抚慰或信心。

> 失败并不代表你不优秀，只是说明你还要继续努力。加油，我相信你下次一定能做得更好！

二、"无情"的诚实要不得

痛点面面观

周末，我和闺蜜去逛街，我俩在商场里东瞧瞧西看看，走进了一间卖裙装的店铺。这时闺蜜停下脚步，仔细打量着一件黑色长裙，正当我陷入遐想时，突然听到闺蜜兴奋地问我这件衣服她穿是否合适。我随口就来了一句"不合适吧，你的腿太短了"。只见闺蜜放下裙子，一个人向下一间店铺走去……我心里想：实话也不让说啊？

说与接的痛点

直击痛点

在生活和工作中,"无情"的诚实有时候会伤害别人,即使你是出于好心。在接话时,我们应该学会委婉地表达我们的真实想法,避免给他人带来不必要的困扰或痛苦。

1. 考虑情境

不同的情境下,诚实的表现程度和方式应有所不同。在公共场合或者回应敏感话题时,更应该注意措辞。

2. 用建设性的方式提出

如果需要指出他人的不足,可以采用正面反馈的方式,强调改进的方向,不要过分强调问题。

3. 表达关心

在给出诚实意见的同时,表达你对他人的关心和理解。比如:"我知道这可能……但我认为……因为我想帮助你变得更好。"

4. 适时的沉默

有些时候,沉默也是一种智慧。如果觉得诚实的回答可能会伤害对方,可以选择暂时不回答,或者找个合适的时机再表达。

教你止痛

诚实是一种美德，但我们也需要学会在诚实和善良之间找到平衡，以维护彼此间的和谐与友好。要想在诚实与善良之间找到平衡，关键是要在真实表达想法的同时，尽可能减少对他人的伤害。

1. 表达个人的观点

使用"我觉得""我认为"这样的句子，表达你个人的观点，避免直击客观的事实。

> 我觉得这条裙子面料柔软、做工精细、样式也好，不过你穿上有些过长。

2. 适时反馈

选择一个合适的时机和地点进行反馈，避免在公共场合或对方情绪不稳定时谈论敏感话题、刺激对方。

> 你别难过了，咱们去旁边的咖啡厅坐坐。这月销售业绩不理想，下个月说不定会特别好。

3. 积极肯定

在提出批评之前，先肯定对方的优点和努力，这样会让对方更容易接受你的建议。

> 你具有一定的创新精神，这是公司其他员工都十分认可的。但是千万不要不切实际、信马由缰，因为那样可能会偏离前进的方向。

说与接的痛点

三、不考虑他人的感受，会没朋友的

痛点面面观

从咖啡厅出来，我正好碰上一位同学，就一起往学校走。同学兴奋地说："我刚刚去看了那部新上映的剧情片，真的太好看了！故事一再反转，演员表演也很到位，我有好几次都泪奔了。"我说："那种电影有什么好看的，就知道赚人眼泪，太无聊了。你应该去看看科幻片，那种'烧脑'的才有意思。"同学的脸色变得不太好，我心里忐忑，是不是刚才的话伤人了？

我刚刚去看了那部新上映的剧情片，真的太好看了……

那种电影有什么好看的，就知道赚人眼泪，太无聊了……

直击痛点

为什么有些人聊着聊着，就聊进了"死胡同"，让别人不愿意再与他聊？原因之一就是接话不考虑对方的感受，让对方心里不舒服，所以我们要尽量避免这种情况出现。

1. 打断别人的话

当对方正在表达自己的观点或情感时，不等对方说完就急切地插话或打断对方，这种行为会让人觉得自己的意见和情感没有受到重视。

2. 没有换位思考，直接否定或批评

在聊天中，没有试图站在对方的角度思考问题，不理解对方的感受和需求，只关注自己的立场和感受，从而对对方的观点或行为直接进行否定或批评，这种接话方式会让对方感到受伤或被冒犯。

3. 不倾听，只关注自己的话题

在聊天时，只关注自己的话题或情感表达，不认真听对方说的话或对对方所说的内容不感兴趣，只是表面上在听，实际上并没有入心，这会使对方有被忽视的感受。

4. 忽视对方的反馈

当对方对你的观点或行为提出反馈或建议时，没有认真考虑或采纳，而是置之不理或进行反驳。

5. 不尊重他人的隐私

在聊天中，未经对方允许就泄露或谈论对方的隐私，会让对方感觉受到伤害。

说与接的痛点

教你止痛

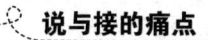

在交流过程中，如果接话时能够考虑到对方的感受，能够站在对方的角度考虑问题，对方就会产生被认同感，这不仅会使对话正常进行，还会拉近对话双方的心理距离。

1. 表示理解

尝试站在对方的角度思考问题，理解对方的立场和感受，展现出你的关心和理解。

> 我能理解你现在的感受，这部电影一定深深地触动了你。

2. 肯定回应之后再表达自己的观点

当对方分享他们的想法、感受或经历时，给予肯定性的回应，如点头、微笑或肯定的语言等。这样一来，既顾及了对方的感受，又能够将自己的想法自然地说出来。

> 听了你的分享，我都想去看这部剧情片了，虽然我平时看科幻片更多一些。

3. 倾听并询问对方感受

认真聆听和主动询问，会让对方感受到被尊重和重视。

> 你能告诉我你现在是怎么想的吗？这件事对你有什么影响吗？

4. 表达感激

感激对方，可以使对方的自我价值感得到提升。

> 谢谢你给我分享这些，这对我来说很有意义。

四、莫要对夸赞无动于衷

痛点面面观

今天，我参加了一场演讲比赛，最终的结果我还挺满意的。走出会场，一个女生跑过来跟我说："你今天的演讲真的太精彩了！全场观众都被你吸引了！"我淡淡地说："哦，是吗？谢谢。"她顿了一下又说："真的，你的观点很新颖，逻辑也很清晰，我听得非常入迷。"我依然淡淡地说："嗯，我只是说了日常思考的一些想法而已。"女生脸红了，说："你可能很忙，我就不打扰了。再见！"然后转身跑开了。别呀！我还没问这个夸我的女孩到底叫什么名字呢。

说与接的痛点

直击痛点

被夸赞说明我们得到了他人的认可和赞赏,这确实是一件令人愉悦的事情。然而,不同的人对于夸赞的理解不同,所以反应也有所不同。

1. 自信心很强,不在乎别人的夸赞

自信心强的人对自己的能力非常有信心,丝毫不在乎别人的观点,无论是夸赞还是批评,他们都不会放在心上。

2. 更看重内在,不屑回应

有些人更注重实际行动和内在的成就,而不是来自外界的认可。他们认为夸赞只是表面的,并不能真正代表自己的价值,所以对别人的夸赞可能会感到不屑。

3. 有回应,但过于谦虚

虽然谦虚是一种美德,但在回应别人的夸赞时,心中窃喜,语言上却过于谦虚,就会让别人感觉你不够真诚、很无趣,甚至觉得你很"装"。

4. 有回应,但是否认

面对夸赞时,如果过于谦虚甚至否认,可能会让对方感到尴尬或不舒服,进而认为自己的眼光、品位、判断力等有问题。

5. 过度回应夸赞

在别人夸赞时,过度回应并夸大自己的成就,可能会让你在别人心中留下虚荣或爱炫耀的印象。

教你止痛

面对别人的夸赞,在接话时既能表达自己的感受,又能兼顾对方的感受,是非常重要的。下面这些具体的表达技巧可以帮助你更加真诚、恰当地回应对方的赞扬。

1. 表达自己感激的心情,并引导进一步的交流

出于礼貌和尊重,首先对对方的夸赞作出回应,同时就对方认同的地方做深入交流,也能将谈话引入更深的层面。

> 谢谢你的肯定,你觉得哪个部分做得比较好呢?哪个部分还有待改进呢?

2. 用同样的方法夸赞对方

在回应夸赞时,也可以适当地夸赞对方,这样的回应不仅能够增进双方的交流,还能够加深彼此之间的感情。

> 你的夸奖让我很开心,我们是英雄所见略同呢。

3. 具体回应

如果对方的夸赞涉及具体的细节,你可以针对这些细节进行回应,这样的回应能够让对方感受到你认真倾听了他的夸赞,且知道他的夸赞是真诚的。

> 谢谢你的认可,我很高兴你注意到了我的努力。

五、语气问题常被人忽视，但它很重要

痛点面面观

早晨到公司后，我在准备晨会需要的材料时，小李敲门进来说："主任，我觉得我们需要在会议上提一下出席资格的问题。"我说："不，不许提这个问题！这个问题不重要，我们不要在会议上讨论它。"后来我听到小李和另一个同事说："主任那强硬的语气真让人受不了，难怪大家都不爱搭理他。"啊！我的办公室门可罗雀，原来是这个原因。

第一章 接话没有人情味，无法建立共鸣

直击痛点

说话的语气常被人忽视，却在交流中扮演着至关重要的角色。因为语气能够传递说话人的情感和态度，同时决定着对方感知到的舒适度和接受度，不恰当的语气有时甚至会导致误解和冲突。

1. 命令的语气

过度使用命令语气，可能会让对方感到有压力或不被尊重。

2. 讽刺或嘲笑的语气

这种语气可能会伤害对方的感情，会使对方感到被贬低或不受欢迎。

3. 急躁不耐烦或轻蔑的语气

这种语气可能会让对方感到被忽视或不被重视。

4. 自满或武断的语气

这种语气可能会让对方感到被轻视或不被尊重。

5. 冷漠或无视的语气

当对方表达观点或感受时，表现出冷漠或无视的语气，可能会让对方感到被孤立或不被理解。

6. 质疑的语气

有疑问可以提出来，但质疑的语气，不仅是一种反驳，还会让对方感觉受到了攻击。

7. 说教的语气

高高在上的说教语气，会让对方产生一种被教育、被训斥的感觉。

说与接的痛点

教你止痛

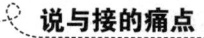

说话的语气会影响个人形象。温和、友善和尊重的语气,可以塑造积极、可信和专业的形象。另外,良好的语气也有助于与他人建立信任、产生共鸣,使对话更加顺畅和高效,从而更有效地解决问题、达成共识。

1. 友好和尊重的语气

这种接话语气能够表达出对对方的尊重和关心,让对方感到舒适并愿意继续交流。

> 好的,我了解了,谢谢你提出这个建议。

2. 耐心的语气

当对方在表达观点或情感时,以耐心倾听的态度来接话,能够让对方感到被重视。

> 请继续说,我在听。

3. 理解和同情的语气

当对方表达困难或不满时,用理解和同情的语气接话,能够减轻对方的负面情绪,更好地促进沟通。

> 我明白你的感受,听到这些我也很难过。

4. 积极的语气

接话时保持积极的态度和语气,能够激发对方表达和沟通的热情。

> 这是个好主意,谢谢你和我们一起努力解决这个问题。

六、你是"杠精"附体吗

痛点面面观

舍友站在窗前,伸了个懒腰说:"今天的天气真好!天空那么蓝,阳光也很明媚,我要出去玩。"我躺在床上说:"哼,你以为阳光明媚就是天气好吗?难道你不知道紫外线有多强吗?小心被晒伤!"舍友变了脸色,说:"你是'杠精'附体吗?会不会好好说话?"然后愤而甩门走了,吓得我一激灵,她这是怎么了?

说与接的痛点

直击痛点

与人沟通本是一件愉快的事情，但实际生活中有些人会在接话时不断"抬杠"，与这种"杠精"谈话会让对话的另一方心情产生不悦。

1. 反驳对方的观点

这种反驳不是有事实依据的反驳，而是故意曲解对方的意思，对方说什么都要反驳，从而让对话变得困难和无意义，影响双方的交流和沟通。

2. 凭主观臆断接话

对别人的话不进行全面分析，而是断章取义地进行质疑，让别人无言以对，不仅不能起到沟通交流的作用，还容易引起误会。

3. 炫耀学识

有些人具备一定的知识或技能，会用复杂的术语或专业知识来压倒对方，即便这并不有助于解决问题或推动讨论。

4. 挑衅以引起关注

有些人喜欢通过挑衅性的语言或行为故意制造争议或冲突，以显示自己的"独特"或"与众不同"，进而达到引起他人注意或关注的目的。

5. 发泄情绪

有些人会将个人情绪带入对话中，他们可能并不是真正关心对方的想法或观点，只是将接话作为一种情绪宣泄的方式，通过攻击或贬低对方以及对方的观点、想法来发泄自己的不满或愤怒情绪。

教你止痛

避免"杠精"附体的关键在于保持冷静和理性,用尊重的态度去理解对方的话语,进而以事实为依据、以寻求共识为目的,用正向、友善的语言来接话,从而创造积极的交流氛围。

1. 倾听并理解和尊重

接话前,先倾听并理解对方的想法或观点,进而显示出对对方的尊重。即使有不同意见,也应先肯定对方的感受或经历,再表达自己的观点。

> 是啊,今天的天气确实让人不太舒服。不过,我们可以找个室内的地方去喝杯热饮,好暖暖身子。

2. 使用温和的语气,避免直接反驳

如果对方的观点与你的不同,首先要使用温和的语气以减轻对话的紧张感,再通过提问或分享自己的看法来引导对话。

> 我完全理解你的担忧。确实,这个项目还有很多可以优化的地方。我们可以一起讨论一下,看看如何改进。

3. 提供建设性的反馈或帮助

如果对方的观点或行为存在问题,可以提供建设性的反馈,使对话内容变得正向。

> 找工作确实不容易。不过,我相信你一定能够找到适合自己的工作的。如果你需要,我可以帮你看看有哪些招聘信息或者提供一些建议。

七、你一点儿也不关心我

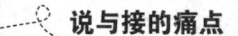

痛点面面观

我正在办公室里工作，女朋友打来电话，接通后她大声说："我今天面试成功了，拿到了心仪的 offer！"我说："哦，那恭喜你了。我还有事要忙，先不聊了。"正准备挂断电话，就听女朋友在电话那边说："哼！你一点儿也不关心我，咱们分手吧！"然后我就听到了挂断电话的提示音。我一脸蒙，我不是祝贺她了吗？还要怎么关心呢？

第一章 接话没有人情味，无法建立共鸣

直击痛点

俗话说："良言一句三冬暖，恶语伤人六月寒。"说话时，一句关心、体贴的接话，会让对方觉得温暖和被重视；反之，则会让人觉得你冷漠、无情，进而不愿意和你建立更深入的联系，甚至导致感情破裂。

1. 以自我为中心

有些人可能比较以自我为中心，更关注自己的感受和需求，不太关心他人的感受。

2. 缺乏同理心

同理心是理解和分享他人情感的能力，缺乏同理心的人可能难以理解他人的感受和需求，因此在接话时表现出不关心他人的态度。

3. 回话的技能不足

有些人不太擅长回话，不知道如何在交流中考虑他人的感受，因此表现出不关心他人的行为。

4. 社会角色的影响

在某些情况下，人们可能会因为特定的社会角色或期望而表现出不关心他人的行为。例如，在工作中，有些人可能更注重自己的职责和任务，较少关注同事的需求。

5. 不同文化的因素

不同的文化往往有不同的价值观和行为准则。在一些文化中，可能比较重视个人自主性和隐私，受这种文化影响的人在谈话时常会表现出拒绝关心他人的态度。

说与接的痛点

教你止痛

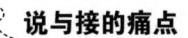

接话时，关心他人是一种积极、健康的沟通方式，可以让我们在人际交往中更加得心应手。关心他人不仅能够加强我们与他人之间的情感连接，还能够促进人际关系的和谐发展。

1. 积极回应

听完对方的话后，给予积极的回应，可以是肯定、鼓励或提供建议。

> 学习新东西确实会有挫折感，但你别放弃。慢慢来，我相信你可以的。如果你需要任何帮助或者资源，随时告诉我。

2. 询问更多细节

如果你对对方的话题感兴趣或想了解更多，可以询问更多细节，这会让对方感到被重视和关注。

> 拿到心仪的 offer 了呀，太好了！是哪家公司？交通方便吗？下班后，咱们去庆祝一下吧！

3. 记住重要信息

如果对方分享了一些重要信息或感受，尽量记住并在后续的对话中提及，这会让对方感到被重视和关注。

> 记得你说最近有一个重要的考试，有些紧张。别太担心，你已经准备得很充分了。我相信你一定能够取得好成绩。加油！

第二章

说话没分寸，做不到点到为止

　　说话有分寸不仅是一个人有高修养的体现，还是人际交往中一项至关重要的能力。

　　当你"思前言后，言出必行"时，显示了你说话有分寸；当你"话到舌尖留半句，事从理上让三分"时，显示了你说话有分寸；当你"出言有尺，嬉闹有度；做事有余，说话有德"时，显示了你说话有分寸。

　　当我们说话有分寸时，就能够避免不必要的麻烦和冲突，赢得他人的尊重和信任，同时还能够提升自己的形象和口碑，成为一个有涵养的人。

说与接的痛点

一、喋喋不休惹人厌

痛点面面观

中午,我在公司的休闲室里碰到了同事小张,他说:"我今天工作遇到了一些问题,真让人头疼。"我说:"是吗?你工作的时候总是遇到这样那样的问题。你有没有想过为什么你总是有这么多问题呢?可能是你的工作方法不对。我觉得你应该多学习一些新的技能,这样才能更好地应对工作中的挑战。而且,我觉得你应该多跟同事交流……"我正说得起劲,小张看了两次手表后说:"抱歉!我想起来还有点儿事,先走了。"我就是话多点儿,有那么招人烦吗?

第二章 说话没分寸，做不到点到为止

直击痛点

古语说"出言有尺"，即说话要有分寸。如果在谈话过程中，只是你一个人在喋喋不休，就会打破交流氛围的平衡与和谐，使对方失去说话的机会，只能被动倾听。

1. 不尊重他人，忽视对方的感受，使对方厌烦

当一个人在对话中总是接过话头，喋喋不休地发表自己的见解时，往往会忽视对方的感受和需要表达的内容。这种缺乏倾听和尊重的交流行为容易让对方感到被忽视或不被重视，从而产生厌烦情绪。

2. 打断对话的流畅性

在对话中，每个人都要有机会表达自己的观点和感受。有人喋喋不休时，往往会打断对话的流畅性，使得其他人难以插话或表达自己的看法，从而感到不舒服。

3. 信息过载

如果一个人总是喋喋不休，不断地输出大量信息，就会导致其他人难以消化和吸收。这种信息过载会让人感到疲惫无力，进而减少了对对话的兴趣和参与度。

4. 缺乏重点

说话喋喋不休的人往往没有明确的观点和表达重点，他们的发言可能是杂乱无章、缺乏逻辑的。这种缺乏重点的发言会让人感到困惑和无法理解，降低对话的效率和质量。

说与接的痛点

教你止痛

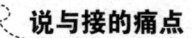

为了避免喋喋不休，我们在交流中要保持适当的分寸感。这样一来，既能够体现对对方观点和感受的尊重，又能够简洁明了地表达自己的想法和需求。

1. 倾听并回应关键点

当对方说话时，认真倾听并理解他们所说的关键点。然后，针对这些关键点进行回应，而不是对整个话题进行冗长的阐述。

> 学习编程确实需要耐心和毅力。Python 的语法是有些复杂，但一旦掌握了基础，后面学起来就会越来越容易。

2. 提出问题，提升对话的互动性

通过提问来引导对话，这样可以让对方更多地参与对话，同时避免了自己表达过剩。

> 听起来很棒！你是第一次去海边度假吗？在那里有没有参加什么特别的活动？

3. 简明扼要地表达

在回应对方时，尽量用简洁明了的语言表达自己的观点或建议，避免长篇大论或重复相同的内容。

> 如果你喜欢这辆车的外观并且预算允许，我觉得可以考虑。但记得先试驾一下，以确保它符合你的驾驶习惯。

二、话说十分满，做事到几分

痛点面面观

那天，我正在工位上工作时，主管领导让我去她的办公室，给我看了一份项目计划书。等我看完，领导问我："这个项目半个月能完成吗？"我说："肯定能完成。类似的项目我以前做过。"谁知道开始做了，我才发现里面还包含着好几个子项目。明天就是最后一天了，还有三分之一未完成，怎么办啊？我真恨不得时间倒退到接项目的那一刻，拿针线把自己的嘴巴缝上。

说与接的痛点

直击痛点

"话不说满，事不做绝"，人生方能进退自如，这是为人处世的智慧。话说得太满、太绝对、太较真，会失去回旋的余地，往往会使事情、关系向相反的方向发展。

1. 让自己尴尬，甚至破坏人际关系

在不确定的情况下，话说十分满可能会因言辞过于肯定而造成尴尬。如果后续情况发生变化或之前的言辞有误，自己就没有余地进行调整和修正了。

2. 降低信任度

"轻诺必寡信"，当你信誓旦旦地轻易许诺时，更容易让人产生怀疑。因为大家都知道世事易变。当人们发现这些绝对化的言辞与实际情况不符时，你的可信度会大幅下降，以致影响与他人的合作和互动。

3. 阻碍有效沟通

在谈话中，我们需要通过倾听和理解对方的观点和感受来建立有效的沟通。然而，经常话说十分满的人只关注自己的表达，忽视了对方的反馈和需求。这会导致沟通变得困难，无法达成共识或解决问题。

4. 造成误解和冲突

话说十分满的人通常很少考虑到其他可能性和情境，因此他们的言辞容易引发误解和冲突。这就会导致不必要的麻烦和损失，甚至可能引发更为严重的后果。

第二章　说话没分寸，做不到点到为止

教你止痛

不能话说十分满，就要"话到嘴边留半句"。这样不仅给我们自身留有余地，还可以帮助我们更加谨慎、自如地与他人交流。

1. 避免使用绝对化的言辞

在表达观点或意见时，尽量避免使用"绝对""肯定"等过于绝对的词汇。我们可以使用"可能""也许""我觉得"等词汇来表达自己的看法，给对话留下更多的空间和灵活性。

> 最近的项目进展得还算顺利，但有几个细节我觉得需要再讨论一下。

2. 适度分享信息

在分享信息或讲述故事时，不要一次性将所有细节都说出来，可以适当地保留一些信息，或者分阶段地分享，从而给对方更多的思考和提问空间。

> 我上周去了北京，故宫和长城都给我留下了深刻的印象。尤其是长城，那里的风景真的很美。（对话者可以提到北京的其他景点）

3. 不做决定而是提出建议

当别人提出让他困惑的问题，想让你帮助他做决定时，尽量用温和的言辞提出建议，因为那是对方的事情，对方是要为事情最终的结果负责的。

> 辞职创业确实是一个很有挑战性的选择。不过，在做决定之前，我建议你先做好市场调研和资金准备。

说与接的痛点

三、开这种玩笑，我跟你很熟吗

痛点面面观

要过年了，我准备去做个头发。在美发店附近，我碰到一个同事和她的朋友。她的朋友去过我公司，算是认识。我说要去做头发，同事说："我们刚刚烫完，都还挺满意的。"看着她朋友烫的头发，我忍不住笑着说："你新做的发型真好笑，就像被雷劈了一样！"那个女孩霎时愣住了，几秒后，冲我说："开这种玩笑，我跟你很熟吗？"然后转身走了。同事跟我说："你的嘴需要一个把门儿的。"然后也走了。

直击痛点

开玩笑是人与人之间，尤其是熟人之间常见的一种交流方式。但是，即使是关系很好的朋友，开玩笑也需要注意分寸。否则，不仅不能起到关系润滑剂的作用，还可能产生不良后果。

1. 伤害他人感情

没有分寸的玩笑可能触及对方的敏感点或弱点，导致对方感到被冒犯或产生负面情绪，如愤怒、尴尬或伤心等。也许你是无意的，但造成的伤害却是真实存在的。

2. 损害个人形象

开玩笑没分寸可能会让人觉得你不够成熟、稳重，甚至缺乏教养。这种印象一旦形成，便难以改变，并可能影响你在工作和生活中的人际关系。

3. 引起误解

有时候，没分寸的玩笑可能会被误解为恶意攻击或嘲笑。这会导致对方产生防御心理，进而使冲突或误解加剧。

4. 破坏交流氛围

原本轻松或友好的交流氛围可能因为一句没分寸的玩笑话而瞬间变得紧张或尴尬。这种变化会使对话难以为继，甚至可能导致对话的终止。

5. 影响人际关系

长期没分寸地开玩笑可能让身边的人觉得你不尊重他们，会逐渐影响你与他人之间的关系，导致疏远或冲突。

说与接的痛点

教你止痛

为了交流的愉快与和谐，开玩笑时应该谨慎、适度，要尊重他人并考虑对方的感受，同时，要察言观色，根据对方的反应及时调整自己的言辞。

1. 了解谈话对象和观察其反应

开玩笑前，先考虑谈话对象的个性和兴趣，如他是喜欢幽默，还是较为保守或敏感。然后，评估你们之间的关系能够承受何种程度的玩笑。开玩笑时，如果对方微笑或点头表示赞同，你可以继续，否则就立即停止或改变话题。

> 哈哈，看来你是下定决心要和那些赘肉说再见了！不过记得别太饿着自己，吃饱了才有力气减肥嘛！

2. 内容适度

玩笑的内容应该轻松、有趣，且不会引起他人不适。要避免涉及敏感话题，如政治、宗教、种族、性别、身体特征等。

> 哎呀，看来你的"问题制造机"又开启了新模式！不过没关系，我相信你一定能够找到解决方案的，毕竟你是我们团队的"问题解决专家"嘛！

3. 注意场合

在不同的场合下，开玩笑的方式和程度应该有所不同。在正式或严肃的场合下，应该避免过于轻佻或不合时宜的玩笑。

> 看来你的"时间管理大师"称号需要让贤了！不过没关系，你可以考虑聘请我作为你的"时间管理顾问"，我保证让你的时间利用效率翻倍！

四、哪壶不开提哪壶，有意思吗

痛点面面观

今天是学校60周年大庆，有市领导来祝贺。我们舞蹈队准备了一个节目，正在候场。大家都有些紧张，一边聊天舒缓紧张情绪，一边做上台准备。小张格外紧张，因为她男朋友是市领导的秘书，也来观礼了。小张说："怎么办啊？我觉得自己的腿好僵硬。"我笑着说："小张，还记得你上次在舞台上摔倒的事吗？真是太搞笑了！"小张突然冷着脸说："你哪壶不开提哪壶，有意思吗？"我呆住了，我只是想用开玩笑让她放松下来呀。

说与接的痛点

直击痛点

"哪壶不开提哪壶"是形容在交流时，有意或无意地触及对方不愿提及或敏感的话题。每个人的一生都不可能一帆风顺，总有一些挫折或窘境，不愿被人提及。在以下几类情况中，如果不注意，就有可能触到别人的"雷区"。

1.受个性与习惯影响

有些人可能天生直率，习惯直接表达自己的想法，不顾及他人的感受。他们也许没有意识到自己的话会让对方感到不适，但结果不言自明。

2.对情境的理解不足

有些人可能对当前的情境理解不足，无法准确把握对方的情绪和需求，从而在无意中触及了对方的敏感点。

3.缺乏同理心

缺乏同理心的人可能难以设身处地地理解他人的感受，因此在交流时容易触及对方的痛点。

第二章　说话没分寸，做不到点到为止

教你止痛

俗语说："会说话的使人笑，不会说话的使人跳。"语言具有巨大的魔力与魅力，我们在交谈中要善于施展语言的魅力，以展现我们的高情商，避免在交流中出现"哪壶不开提哪壶"的状况。

1. 善言抚慰，不揭他人伤疤

每个人都有遭遇挫折、受到伤害的时候，这些挫折和伤害可能会成为内心的伤疤。我们在交谈中要设身处地地理解他人的感受，善待对方，避免揭其伤疤。

> 你的能力我很了解，你一直都是个很出色的人。只要你保持冷静，我相信你一定能做得很好。

2. 维护尊严，不揭穿他人

有些不得已的时候，人们会编出一套说辞，来维护自己的尊严。在回话时，我们即使看破，也不要说破，否则就会伤害他人的自尊，让对方尴尬。

> 这辆车你新买的呀！看上去很不错，外形"高大上"，坐着也很舒服。

3. 活在当下，不翻旧账

"人非圣贤，孰能无过"，每个人都有可能犯错，不要揪着别人的错不放。在回话时，时不时地翻旧账会让对方心生不快，也会加剧彼此之间的矛盾。

> 你请我吃海鲜？太好了！我正好想吃了呢。

五、你需要了解一些禁忌话题

痛点面面观

中午去机关食堂吃饭，人很多，我排队的时候看到前面是销售科的小敏，就跟她聊天，她说："你知道最近有什么新开的口味不错的小店吗？"我低声说："是不是和前男友去吃啊？我听说你昨天和前男友见面了，是不是旧情复燃了？"小敏脸色变了几变说："关你什么事？这是我的私事。"说完就再也不理我了。我的脸唰的一下红了，感觉好无趣。

直击痛点

禁忌话题是指可能引起谈话双方争议、不适或伤害他人情感的话题。在交谈过程中，应尽量避免谈论这些话题，以确保对话的顺畅和友好。

1. 政治和宗教

这两个话题往往涉及信仰和观念差异，容易引发争议和冲突。因此，在不太熟悉的人面前，最好避免讨论。

2. 种族和性别

讨论种族和性别问题时，如果不小心使用了冒犯性的语言或表达了不当的观点，可能会伤害对方的感情。因此要谨慎对待这些话题。

3. 个人隐私

尊重他人的隐私是维持良好社交关系的重要前提，因此，询问或谈论对方的私人信息，如收入、恋爱和婚姻状况、健康状况等，可能会让对方感到不被尊重或尴尬。

4. 不幸事件

残疾、疾病、意外、死亡等不幸事件也要避免在谈话时提及，因为这些话题可能会让对方感到难过或不适，有时甚至会影响整个社交氛围。

5. 争议性话题

某些具有争议性的事件，如战争、犯罪等，可能会引起不必要的争执与负面情绪。因此，在对话中，如果没把握，就要避免深入探讨这些话题，以免引发不必要的争吵。

说与接的痛点

教你止痛

相对于禁忌话题，有一些话题是中性的，而且是人们普遍关心的，这就是我们所说的"安全话题"。安全话题可以帮助你轻松地与他人展开对话，增进彼此的了解和友谊。

1. 天气、美食、运动、旅行、交通

天气、美食和交通是人们生活的重要组成部分，运动和旅行则是一个广泛的话题，这几个方面的话题很容易引起共鸣，所以较适合与人谈论。

> 是的，我去了海南岛度假，那里的海滩真的太美了！

2. 节假日安排、电影、音乐、书籍、兴趣爱好、保健养生等

节假日安排反映了人们的生活方式，文化娱乐活动大多数人都会参与，兴趣爱好能够反映一个人的性格和品位，保健养生是人们关心的话题，讨论这些话题，可以找到彼此的共同点并增进了解。

> 嗯，我最近看了《流浪地球2》，觉得非常震撼！

3. 科技产品、新闻时事、社会现象等

科技是现代生活的重要组成部分，新闻时事是公共话题，社会现象是人们普遍关心的问题，这几方面的话题都适合讨论，让我们交换观点和看法，同时展示个人的知识和见解。

> 听说你买了一块新的智能手表，可以监测健康状况和睡眠情况。我也想买一块，能告诉我哪个牌子的好用吗？

六、莫要一时冲动逞口舌之快

痛点面面观

周一早晨，我起晚了，匆忙赶到公司。走进电梯，正好遇见几个同事，她们在聊最近上映的一部电影，我正巧昨天也看了。财务部的小王说："这部电影还真的挺好看的，我和男朋友都很喜欢，看完后讨论了很久。你们觉得呢？"我想也没想就说："这部电影那么烂，你们居然还喜欢看？真是搞不懂你们的品位！"这时，我看到周围有几道目光朝我射了过来，我意识到自己又逞口舌之快了，捂着嘴匆匆出了电梯。

说与接的痛点

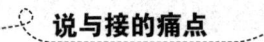

直击痛点

常言道，冲动是魔鬼。一时冲动逞口舌之快，往往会带来不良甚至灾难性的后果。轻则破坏友谊或亲密关系、合作关系等，重则发生争执，甚至会大打出手。

1. 会伤害到他人的感情

冲动的话语往往没有经过深思熟虑，容易带有攻击性和否定性，让他人感到被冒犯和不舒服。

2. 显得心浮气躁，影响自身的形象和声誉

冲动的话语容易给人留下缺乏教养和情商不高的不良印象，也会使人觉得你心浮气躁，难堪大用。时间久了，这种印象会影响你的社交关系和职业发展。

3. 可能引发更大的矛盾和冲突

一时冲动逞口舌之快的话语往往会使对方的情绪升级，导致双方更加激动和敌对，从而引发更严重的争吵和冲突。这样的冲突不仅难以解决，还可能带来长期的负面影响。

4. 显示出自己缺乏自控力

自控力是指个体在面对诱惑、冲动或压力时，能够抑制自己的欲望和冲动，保持冷静和理智的能力。一时冲动逞口舌之快的人往往都缺乏自控力。

教你止痛

为了避免一时冲动逞口舌之快,在交谈中,我们应该尊重他人的观点和感受,用理性、平和的方式表达自己的想法和意见。这样才能够营造和谐友好的谈话氛围,维护良好的人际关系。

1. 先思考再回话

在回话之前,先给自己几秒钟的时间来思考。这短暂的暂停可以帮助你冷静下来,避免冲动回应。

> 我知道你累,确实,工作有时候会很辛苦。我们聊聊怎么缓解压力,好吗?

2. 寻求共识

尝试寻找与对方的共同点,并强调这些共同点,这有助于拉近彼此的距离、减少敌意,也能够更好地促进沟通和理解。

> 我知道我们都想度过一个愉快的假期,只是在旅行的目的地上有些分歧。我们可以看看是否有其他备选,或者找到一个折中的方案。

3. 寻求第三方协助

如果觉得自己无法控制情绪或没有能力处理冲突,可以寻求第三方协助,如在场的朋友、同事、家人或专业人士等,他们可以提供中立的观点和建议,帮助你更好地处理问题。

> 对于你的问题,要不我们先听听小李是怎么想的?

七、直言不讳要分场合

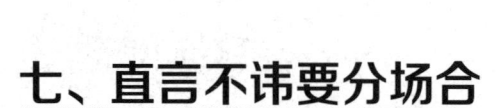

痛点面面观

上午，我正在办公室里看部门员工交上来的策划案。小丁敲门进来，双手递上她的策划案说："李总，这是我花了很多心思做的，您能不能给点儿建议？"我正在翻看的时候，又有两个同事进来要跟我说事，我请他们稍等，我很快看完策划案，递给小丁说："你这个方案不行，太幼稚了，一点儿都不实际。"小丁听后咬着嘴唇，眼泪都要下来了，然后就转身走了，那两个同事则假装低着头商议事情。我这才意识到，自己是不是应该单独跟小丁反馈对她策划案的意见？

直击痛点

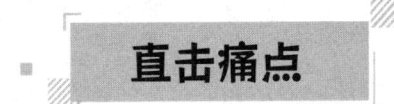

"直言不讳"是一个褒义词,是指毫无保留地、坦率地讲出事实、意见或感情;用于形容一个人说话直爽,毫无隐瞒。然而,不分场合地直言不讳有时却会起破坏性的作用。

1. 有关敏感话题的讨论

当讨论涉及种族、宗教、性别、疾病等敏感话题时,直言不讳会引发争议、误解或伤害他人感情。

2. 某些公共场合

在某些公共场合,如会议、演讲、媒体采访等,直言不讳可能会引发不必要的争议,甚至损害个人或组织的形象。

3. 私人关系的特殊情况

与亲密的朋友或家人沟通时,虽然直言不讳可以加强亲密感,但在某些情况下,如处理家庭矛盾、感情问题时,过于直接的言辞有时会伤害对方的感情。

4. 社交场合

在社交聚会或社交活动中,直言不讳很可能破坏和谐气氛或引发尴尬的局面。

5. 谈判或协商

在商业谈判或协商中,直言不讳很大程度上会让对方感到被威胁或冒犯,从而影响谈判结果。

6. 面对情绪不稳定的人

面对情绪不稳定或容易激动的人时,直言不讳可能会加剧对方的抵触情绪,甚至引发冲突。

说与接的痛点

教你止痛

直言不讳作为一个褒义词，如果我们将它用在适当的场合，就可以帮助我们有效地传达信息，给我们的生活、工作带来便利，起到积极的作用。

1. 紧急情况和危机处理场合

面对紧急情况或危机时，如火灾、地震、交通事故、突发疾病等，直言不讳能够迅速传达关键信息，确保所有人都能够迅速理解并作出反应。

> 请叫救护车！这里有人晕倒了，我们需要紧急医疗帮助。

2. 团队合作和项目管理场合

在团队合作或项目管理中，直言不讳有助于明确任务目标、分配工作和解决冲突，避免出现误解和推诿，确保项目顺利进行。

> 我注意到我们在项目分工上有些重叠，为了避免资源浪费，我建议重新分配一下任务。你们觉得如何？

3. 教育和培训过程中

在教育和培训场合中，一对一、直言不讳的反馈有助于学员了解自己的不足之处，并有针对性地改进。

> 你的演讲技巧有了很大的进步，但在表达观点时，如果能更加自信地注视听众，并控制语速，效果会更好。你有兴趣尝试一下吗？

4. 公正和公开的场合

在需要保持公正、公开的场合中，直言不讳是必要的。

> 法官大人，我否认这一指控，我从未窃取过原告的手镯。

第三章

不委婉不动听，难以以情动人

> 英国哲学家弗朗西斯·培根说过："对一个心持反对意见者，讲话却有必要谦和而委婉。否则正像把盐撒入伤口，会使他已有的成见更深。"
>
> 当我们接话回话时，如果能够用委婉而动听的语言，那么对方在接收信息的同时，会感受到我们的真诚和温暖。当我们接话回话时，运用一些修辞手法、表达技巧，会让我们的语言更加生动形象，增加话语的说服力和语言的艺术性，交流也会更深入有效。这样的交流方式，就像是一阵春风，轻轻拂过我们的心田，让人感到舒适和愉悦。

说与接的痛点

一、是什么打动了他的心

痛点面面观

周末晚上,周周约我和小东见面。看着周周愁眉苦脸的样子,我便问他怎么啦。周周说:"我工作压力特别大,感觉快要崩溃了。"我说:"大家压力都很大,坚持一下就过去了。"周周说:"我不想坚持了。"一直沉默着的小东说:"你说工作压力大,是不是觉得自己好像被石头重重地压着?"周周说:"是的,你理解我?"小东说:"我知道这种感觉,有时候我们就像被压在石头下的种子,但只要我们坚持,总有一天会破土而出,绽放出美丽的花朵。"周周想了想说:"好吧,我再坚持一下。"我心想:同样是"坚持",为什么周周会听小东的呢?

第三章　不委婉不动听，难以以情动人

直击痛点

很多人都希望自己能舌灿莲花，言语动人，可现实情况常常是说话平铺直叙、直接生硬、缺乏情感。

语言技巧直接影响内容表达，并体现着说话者对接话回话内容的表达能力。所以，运用比喻等语言技巧，能够使你的接话回话更加委婉、生动，也更能打动人心。

1. 情绪影响

当我们处于紧张、焦虑或愤怒等情绪状态时，可能会难以控制自己的言辞，导致回应直接生硬，而不是委婉动听。

2. 缺乏语言表达技巧

有些人可能天生不擅长表达情感，且没有接受过语言表达技巧的相关培训，因此在回应时难以做到委婉动听。

3. 语言习惯

每个人的语言习惯不同，有些人可能习惯于直接、简洁的表达方式，这也会导致他们的回应不够委婉动听。

4. 缺乏准备

有时候，我们可能没有足够的时间来思考如何回应。如果没有提前了解相关的背景信息，也会导致我们的回应不够准确或不够委婉动听。

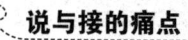

教你止痛

比喻是一种常用的语言表达手法，通过将一个抽象的事物与另一个栩栩如生的事物建立联系，揭示它们的相似之处，从而更生动、更形象地帮助听众理解和感受所描述的内容。接话回话时运用比喻能够使我们的话语委婉动听，并引起共鸣。

1.从正面设喻，说本体是什么、像什么

借助正面的、积极的比喻，将抽象的概念、情感或道理转化为具体、生动的形象，以便对方能够更加直观地理解和感受。

> 我觉得这个项目就像一场复杂的拼图游戏，每个部分都要精准地拼接在一起才可以。

2.从反面设喻，指出本体不是什么、不像什么

从反面设喻会强调该事物与另一事物的不同点，从而突出其独特性。这种说法会增强你话语的说服力。

> 这个问题不像加减法计算那样简单，它需要我们进行深入的思考和分析。

3.运用通感

通感是将一种感官的感受转移到另一种感官上，可以创造出更加丰富和深刻的情感体验，让你的话语更有感染力。

> 你的歌声真是太美妙了，就像一阵轻柔的微风拂过我的心田。

第三章 不委婉不动听，难以以情动人

二、我懂了！你的对比帮我作出选择

痛点面面观

周末，我和朋友去打网球。休息的时候，他问我："你不是打算买车吗？看好了吗？"我说："看中了两款车，一个是TMY，一个是BEV，不知道选哪个好。"朋友说："这两款车，TMY起步价高一些，BEV性价比也不错；TMY加速表现出色，BEV更平稳舒适；TMY内饰简洁大方，科技感十足，BEV更注重细节和质感；TMY外观线条流畅，BEV更大气稳重；总之，TMY像是一匹狂奔的野马，BEV像是一只悠闲的绵羊。"我说："你行啊，这一通对比，我就知道选哪个了。我怎么才能像你这样会说话呢？"

> 看中了两款车，一个是TMY，一个是BEV，不知道选哪个好。

> 这两款车，TMY起步价高一些，BEV性价比也不错；TMY加速表现出色，BEV更平稳舒适……

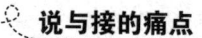

直击痛点

我们在接话回话时，有必要运用一些语言表达技巧，否则说了很多，还是有可能言不及义。对比就是一种很实用且适用场合广泛的表达技巧，运用对比和不运用对比，效果截然不同。

1. 表达模糊

不使用对比可能会使表达显得模糊、不够具体，因为没有通过差异来明确强调某一方面的信息，可能会导致对方对你的意图或重点产生误解。

2. 缺乏说服力

对比可以增强观点的说服力，因为它能够明确地展示优势、劣势、改进点或变化。不使用对比，就可能需要用更多的言辞来阐述你的观点，效果可能不如使用对比那么直接和有力。

3. 缺乏生动性

对比可以使表达更加生动、有趣，吸引对话者的注意力，不使用对比可能会使你的话语显得单调乏味。

4. 难以理解复杂事物

当处理复杂的概念或观点时，使用对比可以使对话者更容易理解不同部分之间的关系和差异。如果不使用对比，他们可能需要花费更多的时间和精力来理解你所说的内容。

5. 阻碍深度讨论

涉及不同观点、情况或经验的比较时，对比能够激发深入的思考和讨论，不使用对比则会限制对话的深度和广度。

第三章 不委婉不动听，难以以情动人

教你止痛

对比分很多种，事物、情境、情感可以对比，正反、前后也可以对比……在接话回话时用好对比有助于我们更有效地传达信息，也能使对话更加生动、有趣、有意义。

1. 正反对比

正反对比是常见的对比类型之一，是指直接对比两种相反的观点或事物。

> 你认为社交媒体使人们更加疏远，但我却认为它让人们更加紧密地联系在一起。因为社交媒体提供了一个平台，让我们能够随时随地与朋友、家人甚至陌生人交流。

2. 事物对比

当你想要强调两个事物之间的不同或相似之处时，可以使用事物对比。

> 你说的这家餐厅的牛排很不错，但我认为那家餐厅的海鲜更加新鲜美味。牛排和海鲜在口感和风味上有很大不同，我们可以根据自己的喜好来选择。

3. 情感对比

情感对比能够突出人物在不同情境下的情感变化，使对话的情感浓度更高。

> 你在工作中看起来很严肃，但一见到家人就露出了温柔的笑容。这种反差让我感受到你内心充满了温暖和爱。

说与接的痛点

三、我怎么不会一语双关呢

痛点面面观

我像往常一样整理着店里的衣服,这时,走进来一位女士。她试了一件大衣,看着标价说:"这件衣服好贵。"我心想:"嫌贵,你别买啊!"嘴里却不知道接什么好。眼看生意要飞了,一旁的小江过来说:"这件衣服虽贵,但它是限量版,买一送一哦!"顾客疑惑地说:"买一送一?"小江说:"是啊,买这件衣服,送您一个好心情。"顾客愣了一下笑了,说:"就冲你这'买一送一',把衣服包起来吧。"看着小江,我沮丧地想:我怎么不会一语双关呢?

第三章　不委婉不动听，难以以情动人

直击痛点

"双关"是一种修辞手法，指一个词或一句话同时具有双重意思，即表面上是一个意思，而暗中又含有另一个意思。接话回话时运用这种修辞手法可以使语言表达含蓄、幽默，并且能够加深语意，给人留下深刻的印象。但要注意的是，一语双关运用不当，会弄巧成拙。

1. 语义不清，产生误解

当一语双关的使用不够明确或语义不清晰时，听众可能会误解说话人的意图。这种误解可能会导致沟通不畅，甚至产生冲突。

2. 冒犯他人

如果一语双关涉及敏感话题或他人的隐私、尊严时，就会在无意中冒犯他人。

3. 破坏氛围

一语双关往往能够产生幽默、风趣的效果，因而在某些正式或严肃场合，使用双关语会破坏整体的谈话氛围。

4. 影响沟通效果

一语双关通常用于增加语言的趣味性和幽默感，如果使用不当，可能会使原本想要表达的意思变得模糊或混淆，影响沟通效果。

5. 过度使用，引起反感

在对话中适时地插入双关语，可以使对话更加有趣和生动。但是要注意不应过于频繁地使用，以免让对话显得刻意或做作。

说与接的痛点

教你止痛

一语双关通常包含两层意思，即字面表达一个意思，同时又能够表达另一层含义。后者的含义一般是隐含在前者之中的，这种含而不露、饶有趣味的表达，能给人以意外之感。

1. 利用谐音双关

这是最常见的双关手法之一，即利用音同或音近但意义不同的词语或句子产生双重意义。

> 您别生气，我今天迟到是荷花塘里着火——藕燃（偶然）。

2. 运用多义双关

利用词语或句子的多义性，在特定语境中形成双关语义。

> 健身教练让我做仰卧起坐，说这样有助于我减肥。我按他的要求做了，没想到，体重不减反增。看来，一天仰卧、一天起坐，是真瘦不下来呀！

3. 使用成语和俗语双关

通过对成语、俗语等进行巧妙地改编或重新解释，形成双关效果。

> 看来你对这个项目真是"一往情深"，每天都加班到很晚。

第三章 不委婉不动听，难以以情动人

四、"玩梗"？"梗"怎么玩

痛点面面观

周末，我和好友晓雯去逛街，碰上她的大学同学梅梅，她俩都很高兴。梅梅笑着说："晓雯，你可是又胖了，是不是偷吃了什么好东西？"晓雯也笑着说："哎呀，被你发现了，我其实是'吃货界的隐藏王者'！"晓雯接着说："梅梅，你急匆匆地干什么去？"梅梅说："去当'特种兵'，来个'特种兵式'旅游。"我们都笑了。告别梅梅，我跟晓雯说："你俩说话真有趣。"晓雯说："就是'玩梗'呗。""玩梗"？"梗"怎么玩？

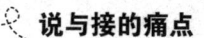

直击痛点

"玩梗"指在接话回话时运用某个特定的词语、短语、句子、表情等来传达一种幽默、诙谐、讽刺或者戏谑的意味。在适当的时候，巧妙地运用"梗"，可以增加对话的趣味性和幽默感，有助于拉近人与人之间的距离，促进彼此之间的交流。

1. 理解并识别"梗"

你需要对当前的流行文化、网络热词、影视经典片段等有所了解，这样才能在对话中迅速识别并理解对方提到的"梗"。

2. 结合共同经历或回忆创造"梗"

如果你们之间有共同的经历或回忆，与趣事、美食、美景等有关，都可以用来创造"梗"。

3. 在"玩梗"时，要注意适度原则

"玩梗"确实能够使对话妙趣横生，营造出良好的交谈氛围，但是"玩梗"也要避免过度，否则会影响对话的流畅性和深度，也会给人一种不认真的感觉。

4. "玩梗"要注意场合

在正式场合或严肃话题中，要避免使用过于轻佻或不合时宜的"梗"。

5. "玩梗"要尊重他人，考虑文化差异

由于"梗"的来源和流行度受到地域、年龄、性别、职业等因素的影响，因而要考虑文化差异。"玩梗"如果不考虑这些因素，可能会使对话显得不合时宜或冒犯他人。

第三章　不委婉不动听，难以以情动人

教你止痛

在接话回话时"玩梗"，是一种富有创意的交流方式，需要一定的观察力和敏感度，也需要在生活中不断学习和积累新的知识。

1. 巧妙运用"谐音梗"

利用词语发音的相似性，创造出意想不到的幽默效果。

> 你知道星星有多重吗？八克。（星巴克）

2. 结合流行热词或网络用语

在对话中融入最新的网络热词或流行语，可以让你的接话回话更加新潮和有趣。

> 最近工作压力好大呀！感觉每天都像在"内卷"的旋涡里挣扎。

3. 利用反讽或夸张

在适当的情境下，使用反讽或夸张的手法可以让你的回应更加幽默。

> 哇，你运气这么好，是不是上辈子"拯救了全人类"呀！

4. 玩味文字游戏

利用文字游戏，可以让你的接话回话更加有趣和意味深长。

> 好看的皮囊千篇一律，有趣的灵魂要过"六一"。

五、说得真好！让我忍不住憧憬未来

痛点面面观

微风习习，我和学妹坐在河边。我说："考研复习太累了！快坚持不下去了。"学妹说："当你背单词的时候，阿拉斯加的虎鲸正跃出水面；当你算数学的时候，南太平洋的海鸥正掠过海岸；当你晚自习的时候，北极圈附近的夜空正发出极光。但少年，梦想你要亲自实现，世界你要亲自去看。未来可期，拼尽全力。当你为未来付出踏踏实实努力的时候，那些你觉得看不到的人和遇不到的风景，终将在你生命里出现。"我看着她："你说得真好！让我忍不住憧憬未来。"学妹说："这是位名人说的。我多希望能像他一样说出这么动人的话。"我说："我也是。"

第三章 不委婉不动听，难以以情动人

直击痛点

排比是一种修辞手法，通过三个或三个以上结构相同或相似的词语或句子叠加，以增强语言的表达效果和感染力。接话回话时合理运用排比，可以使对话更加生动有力、易于理解和接受，但要注意以下几点：

1. 内容的相关性

排比的各个部分需要紧密相关，共同为对话的主题或目的服务。需要注意的是，避免为了排比而堆砌不相关的内容，使对话显得牵强和生硬。

2. 结构的对称性

排比的各个部分应保持相似的结构，这能够增强语句的节奏感和韵律感，使对话更加流畅和易于理解。

3. 语气的协调性

排比的各个部分应保持语气的一致，以形成强烈的语势，以免影响表达效果。

4. 内容的丰富性

在不同的排比句中，试着使用不同的词汇、短语或句子结构，使表达丰富多样，避免单调和重复。

5. 逻辑的清晰性

确保排比的各个部分逻辑清晰，不要出现逻辑混乱或自相矛盾的情况，让对方难以理解。

6. 注意语境和对象

在使用排比时，要考虑对话的语境和对象，以确保排比符合当前的语境和对方的接受程度。

说与接的痛点

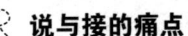

教你止痛

在日常对话中，使用贴近生活的例子或场景进行排比，或者通过排比表达对对方的感激之情、对事物的热爱等，能够让对方有真实感和代入感，也更能触动听者的内心，使其产生共鸣。

1. 并列式排比

句子或句子成分间关系是并列的，没有主次之分，可以拓展和深化自己的观点。

> 确实如此，社会变化像一股洪流，势不可挡；像一幅动态的画卷，日新月异；像一首激昂的交响乐，奏响着时代的旋律。我们要适应这种变化，紧跟时代的步伐。

2. 反复式排比

某个词语或句子在排比句中反复出现，以强调其重要性或突出某一观点、想法或感情。

> 请相信我，我真的不是故意的。我真诚地道歉，我真诚地请求你的原谅，我真诚地希望我们能够重归于好。

3. 因果式排比

句子或句子成分间具有因果关系，通过列举原因或结果以强调某一观点、现象或者情感。

> 我爱你，不仅仅因为你的外表，还因为你的善良、你的坚韧和你的智慧。我爱你，因为你让我感到幸福，因为你让我感到安心，因为你让我感到自己是最幸运的人。

六、你的"灵魂拷问",让我如何回话

痛点面面观

大年初一早晨,亲戚们都来了我家,因为爷爷奶奶跟我们一起住。大家聊到经济状况的时候,二姑问我:"小冰,你在外企上班,一个月能赚多少钱哪?"其他几位亲戚的目光也都投向我,我不想说,但也不好不理睬,只好嗫嚅着说:"不算多。"二姑又问:"不算多是多少呢?"看这架势,她要打破砂锅问到底呀。我不知道要怎么回答,大舅母又问:"小冰,有对象了吗?要不要给你介绍一个?"救命啊!没完没了的"灵魂拷问",我该怎么办?

说与接的痛点

直击痛点

在日常生活中，我们会面对形形色色的人，也会面对形形色色的问题，有些问题我们不愿意直接回答，却又不能不回答，如此这般，就会让我们陷入两难境地。

1. 关于个人能力的质疑

进入职场，在面试或者升职、加薪时，都有可能要面对这样的问题，如"你觉得你能胜任这个工作吗？"

2. 关于财务状况的问题

亲戚、朋友以及同事中有好奇心者往往会问类似的问题，这是个人隐私，要想不破坏关系，回答时就要委婉一些。

3. 关于关系或感情的提问

家长里短是人们茶余饭后闲聊的话题，其中难免会涉及当事人的亲密关系问题，如"你和你男朋友/女朋友分手了吗"等。

4. 关于年龄或外貌的敏感问题

虽然不问女性的年龄是普遍共识，但有些人好奇心还是很重，问出这样的问题让对方为难。

5. 关于未来的不确定性

人生的路很长，难免有看不到方向、纠结并踟蹰不前的时候，如果有长辈在这时问出"你将来打算怎么办"等问题，难免让人不知如何作答。

教你止痛

面对长辈和亲朋好友各种各样的"灵魂拷问"时，我们不能直接"回怼"，这样会伤害对方的感情，造成关系的破裂，因而不如采用一些委婉的方式来接话回话。

1. 使用模糊或概括性的语言

如果对话涉及敏感问题或者你不想直接回答的内容，可以使用模糊或不确定的语言来回话。

> 我的收入可以让我过上舒适的生活，我对目前的薪资很满意。

2. 转移话题

如果问题不适合直接回答，或者你不想在这个问题上深入讨论，可以巧妙地转移话题。

> 婚姻对我来说是一个重要的决定，我现在更关注个人成长和事业发展。不过，我最近对旅行特别感兴趣，你去过哪些地方旅行呢？

3. 借助反问来回答

有时，你可以通过反问的方式来回应对方的问题，这既表达了你对问题的思考和尊重，又把"问题"抛回对方，让对方或知难而退，或把话题转向别处。

> 婚姻多美好哇，我也想早点儿结婚。二姑，如果两个人想过得幸福，您认为最重要的是什么呀？

说与接的痛点

4. 灵活应对

对有些问题，可以随机应变，灵活回话。如通过夸赞对方来绕开话题，似答非答等。

> 我也想找对象啊，可是想找个像二姨这样好看又能干的，真是太难了。

名人委婉接话回话的经典案例

（一）

清朝时期，两浙盐运使张映玑在坐轿出行时，被一个妇人拦下告状，称自己的丈夫买了小妾放在家中，违反了律法。张映玑听后，微笑着回应道："我是卖盐的官，不管你'吃醋'的事。"

案例分析：

> 这句回话既委婉地避开了与妇人的直接冲突，又以幽默的方式让妇人意识到自己找错了人，既不得罪人又解决了问题。

（二）

清代文学家蒲松龄曾给乡绅的儿子当塾师，但这个学生学业无成，蒲松龄决定辞职。在饯行宴上，乡绅询问儿子的功课情况。蒲松龄回答道："人有七窍，令郎已通六窍。"

案例分析：

> 蒲松龄的回话实际上是在委婉地说学生"一窍不通"，既保全了乡绅的面子，又表达了自己的真实看法。

第四章

含含糊糊，做不到精准表达

在这个"时间就是金钱，效率就是生命"的时代，工作节奏快得惊人，有时你会感到自己是在追赶时间；生活节奏也是同样。少有人能坐下来听另外一个人喋喋不休地说自相矛盾或含糊不清的话。因此，接话回话时你的精准表达就显得格外重要。

精准表达不仅能够提高工作效率、促进团队协作、增强决策质量，还能够展现个人职业素养和应对压力的能力。精准表达不但是生活中有效沟通的基础，而且影响着人与人之间的信任度和个人的良好形象。因此，我们应该不断提升自己的表达能力，确保在快节奏的工作生活中能够精准地传递信息、表达观点。

说与接的痛点

一、我的话漏洞百出吗

痛点面面观

台球俱乐部里,我跟一个理工男在休息室喝茶,他说:"我打算晚上去看个电影。"我说:"去看《××××》吧!这部电影真的是一部杰作,每个细节都处理得完美无缺;每个角色都塑造得栩栩如生,特别是那个反派,他的每一个动作和每一句台词都充满了深度,让人完全无法预测他的下一步行动。唯一的小瑕疵就是电影的结尾有些仓促,感觉像是为了赶时间而匆匆结束的。"理工男笑着说:"听你这前后矛盾的话,我还是不看这部电影了。"啊?我的话漏洞百出吗?

第四章 含含糊糊，做不到精准表达

直击痛点

俗话说，做事要因人而异，接话回话就要因人而言。有些人不会"咬文嚼字"，有些人却很在意你接话回话时是否精准，所以，我们要尽量严谨地接话回话，避免出现以下几种漏洞，否则会影响我们话语的可信度。

1. 自相矛盾

在表达观点时，要注意前后的一致性，避免出现相互冲突的说法。

2. 夸大其词

选择客观、中性的语言来表达观点，避免使用夸大其词的措辞。

3. 思维过于跳跃

当一个人的思维过于跳跃，他们的言论就可能会出现漏洞。例如，他们可能会从一个观点直接跳到另一个不相关的观点，而这中间却没有必要的过渡或解释。

4. 无根据的断言，带有偏见

人们往往受到个人偏见或主观性的影响，接话回话时没有考虑相关的信息和观点，导致在发表言论时出现漏洞。

5. 以偏概全

如果一个人在某个领域的知识有限或存在误解，那么在谈论这个领域时，他们可能会无意识地传播错误的信息或观点，从而产生漏洞。

说与接的痛点

教你止痛

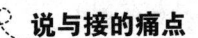

确保你在重要场合接话回话的严谨性非常重要，不仅可以保证双方对话题有清晰的认识，从而更快速地达成共识或解决问题，还可以展现出你的专业知识和对话题的深入了解，进而增强你在他人心中的可信度，从而建立和维护良好的人际关系。

1.保持专注，确认理解

在与他人对话时，尽量将注意力集中在对方的话语上，避免分心，同时要不时地确认你对对方话语的理解，这样就能确保双方的信息传递准确无误。

> 我明白你的意思了，你是觉得这个项目需要更多的资源来支持吗？

2.给出可靠的信息来源

严谨的回话是不直接给出个人意见，而是基于可靠的信息来源给出建议，这样显得更加客观和负责任。

> 我虽然还没有吃过这家餐厅的菜，但根据网上的评价和推荐，它确实受到了很多人的好评。如果你想尝试，我们可以先查看一下菜单和评论，再做决定。

3.谨慎表达

在表达自己的观点或回答对方的问题时，要谨慎思考，表达时尽量做到客观、全面和具体。

> 我会重新评估一下项目的进度和剩余工作量，并制订一个详细的计划来确保按时完成。同时，我也会与团队成员保持沟通，确保大家都能够按照计划进行工作。

二、你成功地把我绕晕了

痛点面面观

下班了,我和同事小董一同往地铁站走去。小董说:"最近想看小说了,你有没有推荐的?"我说:"我正好看完一本,觉得像个寓言。"小董说:"给我讲讲呗。"我说:"这本小说的主角是个女孩,开始生活很艰难,但她很坚强。她有个继母。书中有很多风景描写,比如森林、湖泊和瀑布。然后,她遇到了一个男孩,忘记说了,继母对女孩不好。他们发现了一个魔法宝藏,哦对了,那个男孩其实是个王子,他们遇到了一个坏人……"小董扶额说:"你别讲了,你成功地把我绕晕了。还是告诉我书名,我自己看吧。"

说与接的痛点

直击痛点

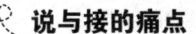

无论是在日常生活还是工作中，接话回话时逻辑清晰都很重要，它不仅能使对话双方更清楚地看到问题的本质和关键所在，还能迅速地将信息传达给对方，减少误解，更能够增强说服力。因此，我们要避免出现使谈话逻辑混乱的因素。

1. 思维混乱，思路不清晰

当一个人的思维没有清晰的结构和步骤时，很容易导致说话逻辑的混乱。这种情况下，人们可能难以组织自己的想法，从而使表达变得不清晰。

2. 注意力不集中

如果一个人的注意力不能集中，就难以厘清思路，从而导致说话不连贯、逻辑混乱。注意力的分散可能由多种原因引起，如外界干扰、个人情绪等。

3. 感情因素

强烈的情绪，如愤怒、焦虑或紧张，可能会影响一个人的思维和表达能力，导致说话的逻辑混乱和表述紊乱。

4. 长期压力或焦虑

长期的精神压力或焦虑状态可能会对大脑产生负面影响，干扰思维和语言功能的正常运作，进而导致说话逻辑的混乱。

教你止痛

谈话时，逻辑清晰的回应能够展现我们的个人素养和思维能力，这种能力不仅有助于我们在生活、工作中脱颖而出，还能提升我们的个人形象，使我们成为更受欢迎和尊重的人。

1. 明确话题和话题中心

接话前，先明确要讨论的话题，以保持对话的焦点，防止偏离主题。

> 你要去北京旅游，我强烈推荐你去天安门广场和故宫，你可以在那里感受到中国的古老历史和皇家气派。另外，如果你对现代建筑感兴趣，不妨去参观一下国家大剧院和中央电视塔，它们都是北京的标志性建筑。

2. 使用逻辑连接词

使用"因为""所以""但是""而且"等逻辑连接词可以帮助你厘清思路，并使对话内容更加连贯。

> 我觉得我们应该选择这个旅行目的地，因为那里有美丽的海滩和多彩的文化。而且，我听说当地的美食也非常棒。

3. 分点阐述

当你需要表达多个观点或信息时，可以使用分点阐述的方式，这样可以使对话内容更加清晰有序。

> 关于这个项目的进度，我想分三点来说。首先，我们已经完成了初步的市场调研。其次，设计团队正在制订详细的方案。最后，我们预计在下个月开始实施。

说与接的痛点

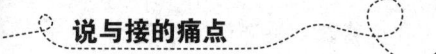

三、请先说当务之急

痛点面面观

刚到公司，经理就让我去他办公室，问："我们的项目进度如何？"我说："经理，我们团队每天都在加班加点地努力工作。不过，确实遇到了一些问题。比如，供应商那边有些材料供应不及时，导致生产进度受到了影响。还有一些技术上的难点，正在和技术团队沟通解决。另外，市场推广团队也在筹备推广活动，希望能吸引更多客户。"经理说："停停停，你就说当务之急。要尽快解决的问题是什么？"我说："嗯，最紧迫的问题可能是材料供应吧，但是技术上的难点也很关键，市场推广活动也需要准备……"经理皱着眉说："你回去吧，叫你们部门的小刘来一下。"

第四章　含含糊糊，做不到精准表达

直击痛点

人际交流中，接话回话有主次、有重点是非常重要的。学术活动中，这样做能展现你的专业性和权威性；讨论问题时，这样做能够帮助大家快速找到问题的关键，提出切实可行的解决方案；日常谈话中，这样做能够帮助对方更快地抓住核心信息，减轻接收不必要信息的负担。但有些人会因为下面几种情况，回话时分不清主次、重点，给谈话的对方造成困扰。

1. 没有准备和深入思考

有些人在回话前没有充分准备或思考，因此他们无法快速识别并突出问题的主要方面，只能根据即时的想法或感觉回答，其实并没有组织好思路。

2. 接话回话时分神

有时候，人们可能由于各种原因，如疲劳、分心等而无法在对话上集中注意力，从而导致在回答时缺乏连贯性，同时，无法抓住主要的信息点。

3. 信息量太大，没有"过滤"

在快速的信息交流或复杂的讨论中，人们会面临大量的信息输入。如果无法有效地处理它们，就会在回答时缺乏主次和重点，盲目无度地涵盖所有细节。

4. 不够自信或缺乏经验

有些人不够自信或缺乏经验，在回话时犹豫不决。他们害怕错过任何信息，回答时就不自觉地提及很多方面，从而没有主次和重点。

说与接的痛点

教你止痛

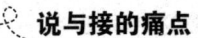

在社交场合中，接话回话时有主次、有重点是一种非常重要的沟通技巧，它不仅可以让对方感受到我们的尊重和关注，还有助于我们更有效地与他人沟通，提高工作效率，改善人际关系。

1.开头明确主题

在回话的开始部分就明确点出你的主要观点或重点信息，这样可以立即引起对方的注意，让他们对你的回答有一个清晰的认识。

> 我的主要观点是，我们需要确保项目的核心目标清晰明确，并围绕这个目标来分配资源和制订计划。

2.使用强调性词汇

接话回话时，可以使用强调性的词语或短语以突出重要信息。例如，"最重要的是……""核心问题是……""特别值得注意的是……"等，这些词语可以帮助对方快速识别谈话内容的重点。

> 是的，我也感觉到了。核心问题是我们在沟通上存在一些障碍，导致信息无法有效地传递和理解。

3.语气、语调的变化

接话回话时，可以通过语气、语调的变化来强调重点信息。例如，说到重点时，可以适当提高音调或放慢语速，以引起对方的重视。

> 除了刚才确定的议题，我最后要强调的是——一定要确保数据的安全性和隐私保护，这是客户信任我们的基础。

第四章 含含糊糊，做不到精准表达

四、能用一句话概括你的观点吗

痛点面面观

我去茶水间接水，遇见部门经理，他说："咱们V系列的那款男包销售得怎么样？"我说："嗯，从市场趋势来看，男包市场整体表现都不错，一直稳定增长。这给我们这款包的销售也带来了很大的机遇。这款包的设计也挺独特的，材质也选得很好、做工精细，很多消费者都喜欢它的款式和颜色搭配，觉得既时尚又实用。这款包刚上市的时候，就有很多消费者来店里咨询。后来呢，随着我们线上渠道的推广，销量明显上升……"经理打断我说："抱歉！你能用一句话说明销售现状吗？"

说与接的痛点

直击痛点

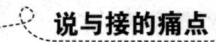

在现代社会中，人们面临着巨大的信息压力和时间压力，因而希望能在有限的时间内快速传递信息，以适应快节奏的社会生活。但是有些人说话就是比较啰唆，具体体现在以下几个方面：

1. 车轱辘话，重复信息

在交流过程中，不断地重复已经说过的内容，没有新的信息点或观点加入，导致对话变得冗长和乏味。

2. 过多修饰词

使用过多的修饰词，使得句子变得冗长且不够直接。这些修饰词可能并没有增加实际的内容，只是让句子看起来更加华丽，反而让对方难以抓住重点。

3. 绕弯子

不直接回答对方的问题或表述自己的观点，而是采用间接或复杂的方式绕来绕去，让对方难以理解真正的意图。

4. 无关紧要的细节

在表达时加入过多无关紧要的细节，这些细节对于理解整体意思并没有实际帮助，只会让对话变得拖沓。

第四章 含含糊糊，做不到精准表达

教你止痛

在接话回话时，我们要尽量通过精练的表达来展现自己的自信、智慧和魅力，并运用简洁的语言阐述自己的观点，这样才能达到节省双方时间、实现高效沟通的目的。

1. 设定时间限制

每次练习说话时，为自己设定一个时间限制，例如 30 秒或 1 分钟内阐述一个观点或回答一个问题。这有助于你快速厘清思路、筛选重要信息，并学会用精练的语言表达。

> 这款男包的销量很好，销售额比上个月又增长了 5%。您是否想听听更详细的数据？

2. 精简复述

这也是一个练习，可以选择一篇文章、演讲或对话，尝试用更少的词汇和句子来复述其主要内容。久而久之，你在接话回话时就能够做到简洁精练。

> 这个方案整体不错，有创意，但细节需要完善。

3. 使用简洁句式

尝试使用简洁的句式来表达观点，如"因为……所以……"，"虽然……但是……"等。

> 因为市场需求持续增长，所以我们有必要增加生产线。

4. 去除冗余

在说话时，注意避免使用重复的词汇、短语或句子。

> 这个方案不仅效率高，还非常实用。

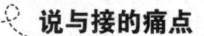

五、你怎么总是含糊其词的

痛点面面观

我正在工位上埋头苦干，接到部门经理的电话："你们小组的项目具体进行到什么程度了？"我说："经理，项目正在进行，但是具体的进度……因为涉及技术细节和突发情况，所以有些波动。"经理说："什么时候能完成？"我说："肯定能完成，但具体的日期……可能要和小组成员确认。"经理不满地说："我需要一个确切时间做后续安排。"我说："我明白，我尽快核实，只是确实有不确定因素影响我们的进度。"经理发火了："你怎么总是含糊其词的，太不负责任了。"电话被挂断了，我真的是这样吗？

第四章 含含糊糊，做不到精准表达

直击痛点

如果我们在接话回话时含糊其词，通常意味着我们不确定如何回答，或者我们不想直接给出一个明确的答案。下面是几种含糊其词回应的可能原因和带来的结果。

1. 没有兴趣或不关注

有时，人们可能对话题本身不感兴趣或没有足够关注，接话回话时只好用含糊其词的方式应付过去。

2. 缺乏相关知识或经验

当对方提到一个你不熟悉或不了解的话题时，你可能会感到困惑或不知道如何有针对性地接话，只能含糊其词地回应。

3. 使交流变得肤浅

接话回话时含糊其词，对话往往只能停留在表面，无法深入探讨，导致交流变得肤浅。

4. 没有共鸣

你总是含糊其词地回应，很难引起对方的共鸣，因为对方可能感觉你没有真正理解和关注他们所说的内容。

5. 加深误解

由于一方含糊其词，双方缺乏深入探讨，可能对话题本身产生误解或造成信息不对称，还可能对接话的人产生负面认知，从而影响双方的理解和判断。

6. 关系疏远

长期含糊其词、没有有针对性的深入交流，可能让对方感觉你对他不够重视或关心，以致关系渐渐疏远。

教你止痛

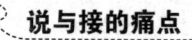

与含糊其词相反的是你接话回话时进行明确的、有针对性的回应。对于某些不能含糊其词回应的问题或话题，就要有针对性地回应，这样才能够确保信息的准确性和清晰度、提高沟通的效率，加深彼此间的理解和信任。

1. 明确回应

使用具体、明确的词汇和句子来回答对方的问题或回应对方的话题，或者提供详细的信息和数据，以增强回答的针对性和说服力。

> 经理，这个项目还需要一周时间完成，保险起见，我们还需要额外安排两天时间来处理突发状况。

2. 运用 5W1H 法则

当对方提出一个问题或描述一个事件时，尝试从 Who（谁）、What（什么）、When（何时）、Where（何地）、Why（为什么）和 How（怎么样）这六个方面来回应。

> 下周五校友聚会，我一定准时参加。具体时间是几点？地点选在什么地方？

3. 关键词延伸

抓住对方话语中的关键词，围绕这些关键词展开新的话题或进行深入探讨。

> 原来你去加拿大旅游去了呀！都去了哪些地方？对哪座城市印象最深刻？

六、你的口头禅是"那个"吧

痛点面面观

下午,召开部门会议,我正在认真地听着,突然听到部门主管说:"小董,你们的总结报告写得怎么样了?后天需要呈送总裁。"我说:"嗯,那个……那个报告的整体结构写好了,就是那个……那个数据部分好像有些不准确,那个……我们需要再核实一下。嗯,那个……那个报告的语言表达还需要再精练一些,有些句子有点儿冗长。嗯,那个……还有那个报告的排版也要再优化一下。"部门主管半开玩笑地说:"你的口头禅是'那个'吧,让我的思维在你的口头禅和报告之间不断切换。"我好窘!

说与接的痛点

直击痛点

口头禅是指一个人在说话时频繁使用的词语或短语，通常没有实际的意义或作用，却成了说话者的一种语言习惯。在某些情况下，过多的口头禅可能会影响沟通，此外，也会使表达不够流畅，让对方感到不舒服或分心。

1. 说话时紧张或不安

在紧张或不安的情况下，人们可能会使用口头禅来缓解自己的紧张情绪。

2. 说话者缺乏自信

有些人可能因为缺乏自信而频繁使用口头禅，以此掩饰自己对实际状况掌握得不够透彻。

3. 习惯成自然

有些人可能从小就养成了使用口头禅的习惯，随着时间的推移，这种习惯变得根深蒂固，难以改变。

4. 思考过程中随口一说

在思考或组织语言时，人们可能会使用口头禅来填补思考时的空白，使表达看起来更加自然。但过度使用口头禅，反而使表达不流畅。

5. 缺乏语言组织能力

有些人可能由于语言组织能力有限，无法快速且准确地表达自己的想法，因此借助口头禅来增加思考的时间，来寻找合适的词汇。

教你止痛

特别的口头禅可能会成为一些人的标志性语言，但在重要场合，过多使用口头禅会影响人际交往和自身形象。因此，我们要分析原因并练习多样化的表达，在表达时还可以通过深呼吸与放松来缓解紧张情绪。

1. 预先准备

如果知道即将参与某个讨论或对话，可以预先思考会涉及的话题，并准备好相应的回答。这样可以减少在对话中为了思考而使用口头禅的情况。

> 我认为这个项目按时完成的概率很高，我们会密切关注进度，确保及时应对任何可能出现的问题。

2. 替代口头禅

找到一些替代口头禅的词语或短语，并在接话回话时尝试使用。例如，"嗯"这个口头禅，可以用"是的""我明白"或"好的"来替代。

> 是的，我看了活动计划，觉得整体思路挺好的，只是时间安排上是否能调整得紧凑一些？

3. 以停顿替代口头禅

意识到自己要说口头禅时，尝试用停顿来替代。这不仅可以减少使用口头禅的频率，还能使你的发言更有节奏和重点。

> 报告的整体结构写好了，（停顿）数据部分再核实一下，（停顿）语言表达上想再精练一些，（停顿）排版再优化一下，明天就能完成。

名人委婉接话回话的经典案例

（一）

南北朝时期，北魏著作佐郎李谐出使南朝梁，梁武帝带他去观摩百姓放生动物的善举，意在羞辱北魏。梁武帝问李谐："你们北魏的人也会放生吗？"李谐回答说："我们根本不会捉这么多小动物，自然就不需要放了。是所谓不取亦不放也。"

案例分析：

> 李谐的回答很有针对性，不仅直接反驳了梁武帝，还以不卑不亢的态度展现了北魏的立场和尊严。

（二）

唐朝时期，武则天一度欲立侄子武三思为太子，狄仁杰作为宰相，勇敢地站出来提出了自己的看法。狄仁杰说："立子，则天下归心；立侄，则天下离心。"

案例分析：

> 狄仁杰的回话很简洁，却精准地把握了武则天的心理，道出了民心所向的重要性。

第五章

语言干巴呆板，玩不转幽默

德国作家拉布曾说："幽默是生活波涛中的救生圈。"

我国著名音乐理论家钱仁康说过："幽默是一切智慧的光芒，照耀在古今哲人的灵性中间。凡有幽默的素养者，都是聪敏颖悟的。他们会用幽默手腕解决一切困难问题，而把每一种事态安排得从容不迫，恰到好处。"

意大利的索菲亚·名兰也曾说："我相信幽默感也是魅力的一个组成部分。有了幽默感，人们可以在一种非常融洽的气氛中彼此交流思想和看法。"

他们都从不同角度强调了幽默的魅力，表达了对幽默的赞美和肯定，同时强调了幽默在人际交往、生活"困境"以及个性展现中的积极作用。

幽默是个人智慧和才华的体现，我们理当让幽默常常"现身"在我们的语言中。

一、来点儿幽默，拯救我的尴尬吧

痛点面面观

傍晚，我换上新买的衬衫，自信满满地去参加一个比较正式的晚宴。宴会正式开始之前，我端着一杯红酒，穿过三三两两交谈的人群，打算去跟一位认识的朋友聊聊。正走着，前面一位女士突然倒退了两步，撞到我端着红酒的手臂，一杯红酒全部洒在我新买的衬衫上。我低头看着胸前的一片红酒渍，而那位女士转过身惊叫了一声："呀！"这时，大家的目光都看向我，我心里着急，想着：来点儿幽默，拯救我的尴尬吧！然而，我的大脑却一片空白。

第五章 语言干巴呆板，玩不转幽默

直击痛点

幽默是一种独特的语言和行为方式，能够使人们欢笑，带来轻松和愉悦的氛围。遇到一些轻微、不严重的尴尬情况时，用幽默来化解是非常合适的。以下是一些适合用幽默来化解的尴尬情境：

1. 轻微的冒犯或误解

当有人不小心说了些让你感到不舒服的话，但并非出于恶意时，这时用幽默的方式回应可以迅速缓解紧张的气氛。

2. 意外的尴尬瞬间

一些突如其来的尴尬情况，如不小心滑倒、撞到东西等，可以用幽默的方式来缓解，让尴尬瞬间变得有趣。

3. 紧张或严肃的场合

在紧张或严肃的场合中，偶尔的幽默可以缓解压力，使气氛变得轻松。需要注意的是，这种幽默应该是适度的，不要过于轻浮或冒犯他人。

4. 社交中的小失误

在社交场合中，可能会不小心说出一些不得体的话或做出一些令人尴尬的动作。此时，可以用幽默的方式转移注意力，让气氛变得轻松。

5. 记忆出错

一些因记忆出错导致的尴尬情况，如忘记别人的名字、约定的事情等，可以用幽默的方式轻松化解。

6. 尴尬的沉默

当对话陷入僵局或气氛变得尴尬时，可以用幽默的方式开启新的话题或转移话题。

教你止痛

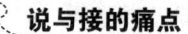

幽默是一种强大的社交技巧，不仅能够减轻压力、促进交流，还能够帮助人们摆脱困境，化解尴尬。因此，幽默是提升社交能力的核心技巧，懂幽默的人往往能够在接话回话时更加游刃有余。

1. 夸张法

用夸张的语言或表情描述尴尬情境，使其变得有趣好笑，从而制造欢乐，缓解尴尬气氛。

> 看，我的新红酒主题服装，限量版哦！

2. 顺势回应法

当对方开你的玩笑或让你感到尴尬时，你可以顺着对方的话往下说，以轻松、幽默的方式接受并转化对方的话语。

> （有人说你唱歌跑调）哈哈，我就是要唱出属于自己的独特旋律！

3. 使用反义词回击

当对方以某种方式贬低你或让你尴尬时，你可以尝试使用反义词来巧妙地转换话题的焦点。

> （有人说你太胖了）是啊，我是胖了点儿，但那是因为我可爱到膨胀了呀！

二、既然你这么幽默，我们就一笑泯恩仇

痛点面面观

我站在会议中心楼下，焦急万分，已经过了十分钟了，小唐还没有来。这可是要见一个重要的客户啊！两分钟后，小唐跑着来了，我说："你怎么能这样？我之前告诉过你这件事情很重要！"小唐有些尴尬地说："哎呀，我的记性像张渔网，重要的事情总会成为'漏网之鱼'。不过别急，我已经用绳子把这条'大鱼'给拉回来了！"听他这话，我不由自主地笑了："你还真是会找理由哇！幸亏我提前了15分钟。不能再有下次了。"小唐说："放心，我会把这条'大鱼'用502胶水粘在脑袋里的！"我笑着说："好了，看在你这么幽默的分上，这次就原谅你了。"上楼的时候，我心想：我怎么才能有这种幽默感呢？

说与接的痛点

直击痛点

人与人相处时，难免发生冲突。面对冲突，如果其中一个人幽默地接话回话，很可能就化解了冲突，真正做到了"一笑泯恩仇"。以下是幽默感在化解冲突中的几个作用：

1. 缓解紧张情绪

冲突发生时，双方往往处于高度紧张的状态，此时，一句幽默的话语或是一个诙谐的动作，能够分散人们的注意力，减轻紧张和焦虑感，让双方从对立的情绪中解脱出来。

2. 减轻敌意

在冲突中，幽默的语言或行为可以让双方更容易放下敌意，减少摩擦，进行友好的对话。

3. 降低冲突强度

通过幽默的方式表达观点或回应对方的指责，能够缓和对方的态度，将剑拔弩张的气氛转化为轻松愉快的氛围。

4. 促进沟通和理解

在冲突中，双方往往因为观点不同而产生误解与隔阂，幽默感能够帮助双方打破僵局，通过轻松、友好的方式交流观点，从而增进相互之间的理解和信任。

5. 增强合作意愿

在冲突中，幽默可以作为一种"润滑剂"，提高人们的积极性和合作意愿，从而达成双方的理解与让步，让双方更愿意为了各自的目标而努力达成合作。

第五章 语言干巴呆板，玩不转幽默

教你止痛

幽默感强的人在日常生活中往往有比较好的人缘，他们可以拉近人际交往的距离，赢得对方的好感和信赖。当冲突发生时，幽默的语言或行为可以缓解紧张气氛，为解决问题创造条件。

1. 巧妙比喻

用生动有趣的比喻来形容产生冲突的情况，或者用比喻来提出解决方案，从而化解紧张氛围。

> 我们现在的状态就像两个互相咬合的齿轮，需要调整彼此的角度才能顺畅运行。不如我们先冷静下来，找个更好的方式来解决这个问题。

2. 玩笑转移

当冲突升级时，适时地插入一个与冲突无关且轻松愉快的玩笑，将注意力从冲突本身转移到其他话题上，可以缓解紧张气氛。

> 哎呀，我们这样争论下去，恐怕连月亮都要被吵醒了。要不我们先去喝杯茶？

3. 双向幽默

在冲突解决过程中，既可以用幽默调侃自己，又可以适时使用幽默说服对方。通过双向幽默的交流，增强双方的沟通。

> 哈哈，看来我们这是在进行"头脑风暴"呢！不过，我觉得我们的"脑电波"可能有些不同频，需要找个"转换器"来调整一下。

三、对朋友，我要如何表达不满

痛点面面观

周日，我和王妮、肖玉约好去公园玩。到了约定时间，我和肖玉都到了，就是不见王妮。肖玉说："又迟到，看我一会儿怎么'收拾'她。"我笑着说："好呀，我也想说说她，就是不知道怎么说，又怕说了伤和气。"过了五分钟，王妮来了，肖玉说："你是不是在和蜗牛比赛跑步？赢了它，但输了时间？"王妮愣了一下，笑着说："抱歉！下次一定不迟到了。"肖玉说："下次再迟到，我俩就送你去'准时到达'培训班里待两天。"我们都笑了。我心想：原来幽默还有"隐藏功能"，我得掌握它。

第五章 语言干巴呆板，玩不转幽默

直击痛点

幽默是一种轻松的表达方式，可以用来在朋友、家人或亲密的同事之间表达一些小小的不满和意见。这样一来，既能够增加趣味性，避免伤害对方的感情，又能够让对方记住并反思。幽默更像是一种温和的提醒，但在表达不满时，还是应注意以下几种情况：

1. 不要人身攻击

在表达不满或意见时，要将重点指向具体行为或情况，而不是对方的人格，确保对事不对人。

2. 不用于一般关系

关系紧密的人之间，更容易理解和接受对方的幽默；关系一般的话，这种表达不满或意见的方式，不仅达不到目的，还有可能适得其反。

3. 不用于正式场合

在非正式场合，如聚会、聊天等轻松的氛围中，使用幽默可以增添趣味，让不满和意见的表达更轻松。然而，会议等正式场合就不太适用，会显得轻佻。

4. 不用于严重问题

对于一些不严重或不需要严肃处理的问题，使用幽默的方式既可以表达不满，又可以避免事态升级。但严重的问题，最好直接表达，这样才能引起对方的重视。

5. 不过度夸大

在表达不满或意见时，过度夸大对方的小错误、小问题会导致言论失实或误导他人。

说与接的痛点

教你止痛

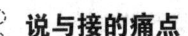

用幽默来表达不满或意见，是一种非常有效的方式。但一定要记住我们的目的是用轻松的方式提醒对方注意问题，并寻求积极的解决方案，而不是引起误解或引发冲突。

1. 借助押韵或顺口溜

通过押韵的文字或者顺口溜来描述问题，使之听起来更有趣。

> 你的报告内容多又多、重点少又少，下次能不能简洁又明了。

2. 借用流行文化或笑话

利用流行的"梗"或笑话来表达不满时，需要确保对方能够理解或接受。

> 你这样的行为简直就是"坑队友"啊！

3. 幽默地提出建议

将不满与建议结合起来，以幽默的方式提出。

> 我们下次开会能不能不用"马拉松"模式？改成"百米冲刺"如何？这样效率更高！

4. 巧妙转折

运用先扬后抑的手法，即先给予肯定，再说令自己不满的问题。

> 你的书架是不是太好了，让我的书流连忘返。你能不能跟它谈谈，让它早点儿回到我的怀抱里来，我都想它了。

第五章 语言干巴呆板，玩不转幽默

四、你的笑话有点儿"冷"，不过我喜欢

痛点面面观

吃完午饭，我和同事小陈在休息室里一边喝咖啡一边聊天。我说："最近我的电脑真是烦死了，总是出各种奇怪的问题。"小陈喝了一口咖啡说："是吗？那你有没有考虑过可能是你的问题？"我疑惑地说："我的问题？我怎么会有问题？"小陈说："是啊，可能是因为你总是对电脑说'快点儿，快点儿！'，让它压力太大了。"我愣了一下，笑了："你的笑话有点儿'冷'，不过我喜欢。"这个冷笑话缓解了我焦躁的心情，我多希望自己也能时不时地来点儿冷笑话！

说与接的痛点

直击痛点

讲冷笑话是一种独特又有趣的幽默方式，以不经意流露、引人思考、意味深长和出乎意料为特点。冷笑话不仅能给人们带来欢乐和惊喜，还能激发人的思考力和创造力。我们讲冷笑话时要注意以下几点：

1. 讲冷笑话的目的不明确，没有分寸

讲冷笑话的目的通常是创造轻松、有趣的气氛或表达某种观点。如果讲冷笑话时没有明确的目的和适当的分寸，可能会使对方感到困惑或不适。

2. 请勿调侃英雄形象

英雄形象通常具有崇高的地位和象征意义，如果使用冷笑话来调侃或贬低英雄形象，不仅会引起他人的反感，还违反了法律。

3. 不要使用粗俗的词汇

冷笑话应该基于智慧和巧思，而不是粗俗或低级的语言。在冷笑话中使用不雅或冒犯性的词汇，可能会让对方感到被冒犯或不舒服。

4. 切勿调侃境遇不如自己的人

讲冷笑话是一种幽默的交流方式，不应该用来调侃或贬低境遇不如自己的人。这样的行为可能会让被调侃者感到被羞辱，产生自卑心理。

5. 不要利用别人的短处来讲冷笑话

很多人都有敏感点和不愿提及的伤疤，接话时故意提及对方的失败经历或伤心往事，并用冷笑话来调侃，会让对方感到被冒犯，伤害对方。

第五章 语言干巴呆板，玩不转幽默

教你止痛

在日常生活和工作中，我们可以观察和发现身边的趣事，在接话回话时尝试用冷笑话来表达自己的想法和情感，这样能够有效增加与他人的交流和互动。

1. 新解名言或俗语

对名言或俗语进行重新解释，利用新的含义达到幽默效果。

> 黑夜给了我黑色的眼睛，我却用它来寻找手机、眼镜、钥匙、钱包。

2. 预期反转

先建立一种预期，然后让预期反转，从而产生幽默效果。

> 医生说我需要多休息，所以我辞掉了工作，买了一张床回家。

3. 俗语改编

对常用的俗语或口语表达进行改编或重新解释，产生幽默效果。

> 人在胖，天在看。

4. 移花接木

将不同领域或不同学科的名词、概念等混合使用，产生新的意义，使表达更幽默。

> 我正在给我的电脑"做瑜伽"，让它能放松一下。

说与接的痛点

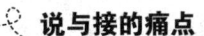

五、我只是在自嘲

痛点面面观

周末，我跟陈斌去打球，休息的时候我们一边喝水一边聊天。陈斌说："我最近特别喜欢听人弹吉他。"我说："这么巧？我最近正在学吉他呢。"陈斌说："哦？那你学得怎么样了？"我说："哎，别提了，我弹吉他就像一只刚学会走路的企鹅在跳芭蕾。"陈斌说："哈哈，那你得多练习才行啊！"我说："是啊，我每天都在练，现在我的吉他都怕我了，每次我一靠近它就开始发抖。"陈斌说："呃……那要不你试试换种乐器？"啊？我只是在自嘲，其实我弹得还可以的。怎么让他误解了？

第五章 语言干巴呆板，玩不转幽默

直击痛点

自嘲是一种幽默的表达方式，是通过轻松调侃自己的不足或尴尬经历，来化解紧张气氛或展现自己的豁达态度。在自嘲时，有几个重要的事项需要注意，以确保你的自嘲既有趣又得体。

1. 真诚而自然

自嘲应该是真诚而自然的，真实地表达自己的不足和尴尬经历会让对方感受到你的真诚和自信，而过于刻意的自嘲可能让人感到不真实或虚伪。

2. 语气和表情很重要

语气和表情是传达自嘲意图的关键因素。让自己的语气轻松、自信，并配以适当的微笑或表情，这样才能让对方理解你是在以幽默的方式调侃自己，而不是真的感到自卑或沮丧。

3. 注意适度

自嘲要把掌握适当的度，不要过度贬低自己或触及敏感话题。过度的自嘲会让人感到尴尬或不舒服，甚至给对方留下不自信的印象。

4. 自嘲时不要重复同一个点

避免反复提及同一个自嘲内容，否则会让人产生乏味或无奈之感。自嘲时可以尝试用不同的角度或方式，让对话保持新鲜感和幽默感。

5. 注意场合和谈话对象

在亲密的朋友或家人之间，自嘲更容易被接受，但在正式的场合或面对陌生人时，应谨慎使用。

说与接的痛点

教你止痛

自嘲需要有自信和乐观的心态，因为它要求我们能够正视自己的缺点，并以一种积极的方式呈现出来。这种自嘲不仅可以让我们在交谈时更加轻松自如，还可以帮助我们缓解压力、减轻紧张情绪。

1. 适度夸大自己的不足

接话回话时可以提及自己的某个小缺点或小失败，以适度夸大的方式进行描述，更容易让对方产生共鸣，同时感受到你的幽默和自嘲精神。

> 我这人真的太容易迷路了，有次为了找家咖啡店，绕了整整一个小时的路，结果那家咖啡店就在我起点的不远处。

2. 用幽默的方式描述尴尬经历

将尴尬的经历以幽默的方式表达出来，不仅能够化解尴尬，还能够展现你的从容和乐观。

> 那次我真的太紧张了，上台演讲时竟然把"大家好"说成了"大家好饿"，结果全场都笑了，我也只能跟着笑，心想这下可"出名"了。

3. 自我调侃，展示自信

通过自我调侃来展示自信，可以让对方感受到你的真诚和豁达。

> 我知道我唱歌跑调，但我就是喜欢唱，毕竟，生活总得有点儿乐子不是？

六、"歪理"竟然也幽默

痛点面面观

走出地铁站，我看见了同公司的小张和小赵，就跟她们打了招呼一起走。一阵冷风吹来，我们都打了个哆嗦。小张说："今天天气好冷啊！"我说："是啊！"小赵说："看来老天爷也想穿秋裤了。"我们仨都笑了。没走几步，小赵又连连打哈欠，小张说："你哈欠连天的，昨晚没睡好吗？"小赵说："是啊，我昨晚和周公打了一晚上的扑克牌，他牌技太好了，我输得一塌糊涂。"我笑着说："你说话好幽默。"小赵说："歪理罢了！"歪理竟然也这么幽默！

说与接的痛点

直击痛点

俗语说："理儿不歪，笑不来。"在接话回话时，对问题或情境运用一些非传统，甚至看似是"歪理"的解释，就会产生幽默效果——这就是"歪理式幽默法"，它能增添谈话的趣味性和幽默感。想要熟练掌握歪理式幽默，就需要了解它的特性和要求。

1. 非传统、无逻辑性

歪理式幽默故意打破常规的思维方式和常识，将两个在逻辑或常识上毫不相关的事物或概念联系在一起，从而产生意想不到的效果。

2. 出人意料

歪理幽默法的解释往往出人意料，偏离了听众的预期，从而产生幽默效果，这种"意料之外"的感觉是歪理式幽默成功的关键。

3. 荒诞性

歪理式幽默通常有点儿荒诞，使原本严肃或平常的问题变得滑稽可笑。

4. 创新思维

运用歪理式幽默需要具备创新思维，要能够打破常规，发现事物之间的新联系。

5. 尊重他人

使用歪理式幽默时，要尊重他人的感受和观点。与此同时，应避免使用冒犯或贬低他人的言辞，确保你传达的幽默感是积极友好的。

第五章 语言干巴呆板，玩不转幽默

教你止痛

歪理式幽默在日常生活和社交场合中非常实用，可以有效地缓解紧张气氛、增加谈话的趣味性，并增进人与人之间的联系。

1. 巧妙联想

通过找到两个看似不相关的事物或概念之间的某种微妙联系，进行巧妙的联想和结合，以达到幽默效果。

> 咸鸭蛋为什么是咸的？——因为咸鸭蛋是"闲"鸭子生的！

2. 故意曲解

对某人的话语或行为进行故意曲解，赋予其新的、与原意不符的解释，从而产生幽默效果。

> 那么有钱的人居然在路边吃麻辣烫。——不在路边吃，难道在马路中间吃？

3. 打破常规逻辑

接话回话时打破传统的、常规的思维模式，不按常理出牌，往往会产生意料之外的幽默效果。

> 你的狗生跳蚤吗？——不，它只生小狗。

4. 误导 + 反转

先用符合正常思维的方式"误导"对方，再来反转，达到情理之中、意料之外的幽默效果。

> 你真是个天才，把事情说得如此生动，我差点儿以为是真的了。

说与接的痛点

名人委婉接话回话的经典案例

（一）

马克·吐温是美国文学史上杰出的作家之一。在一场文学沙龙中，有位夫人讽刺他："我很想赞美您的容貌，但我从不撒谎。"马克·吐温说道："夫人，我完全理解您的心情，毕竟，我也常常遇到这种烦恼——比如面对某些人的诗歌时。不过没关系，您可以像我一样说句谎话。"

案例分析：

> 马克·吐温的回话充满了智慧和幽默感。他不仅巧妙地避开了直接回答敏感问题的尴尬，还不失风度地展现了自己的机智和才华。

（二）

德国大诗人歌德在公园里散步时，遇到了一位傲慢无礼的批评家。批评家说："我从来不给傻瓜让路。"歌德回答说："我却恰恰相反。"说完立刻侧身让路。

案例分析：

> 歌德的回答既体现了他的智慧与幽默，又巧妙地让批评家自取其辱。

即刻扫码

☑ AI沟通技巧指导人
☑ 听·有声伴读
☑ 拓·知识边界
☑ 写·读书笔记

第六章

不会倾听,不能先听后说

沟通是两个人的舞蹈,不是一个人的表演,因而要想实现有效沟通,需要先认真倾听,再接话和回话。

先倾听,既是对他人的尊重和关注,又会提升自己的人际交往能力。

先倾听,才能确保我们在接话回话前准确地理解对方的意图和信息。

先倾听,才能使我们在回应时有针对性地表达自己的想法和观点。

法国启蒙思想家伏尔泰曾说:"耳朵是通向心灵的路。"的确如此,倾听不仅是心与心对话的前提,还是我们在生活与工作中实现高效沟通的必要条件。

一、领导有暗示？我怎么没听出来

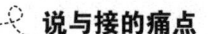

痛点面面观

我挂断电话，与助手一起来到经理办公室，经理笑着说："小方，项目进展得怎么样了？听说你们团队表现得很出色。"我说："项目在按照计划进行，已经完成了大部分工作。"经理说："那很好。不过，你有没有考虑尝试新的方法或策略，进一步扩大项目的成果？"我说："我们目前主要是按照既定的计划进行，暂时没有考虑其他的方法。"经理说了句"你回去想想，"就让我们走了。助手悄悄说："组长，是不是该改变计划了？"我说："为什么？"助手说："你没听出领导的暗示？"领导有暗示吗？我怎么没听出来？

你有没有考虑尝试新的方法或策略，进一步提升项目的成果？

我们目前主要是按照既定的计划进行，暂时没有考虑其他的方法。

呀，经理说这话是暗示要改变计划了吧？

第六章 不会倾听，不能先听后说

直击痛点

倾听是一项重要的人际交往技能，我们不仅要用耳朵听，还要用心去感受和理解对方。有时，人们不喜欢直接表达自己的想法或意见，会通过暗示的方式表明，这就需要我们在接话回话前进行有效倾听，这样才能够接对话、回好话。

1. 倾听时不要心不在焉、一心多用

在倾听时做其他事情，如玩手机、看视频等，没有将注意力完全集中在对方说出的话上。这会让对方感到被忽视，从而影响沟通效果，甚至产生误解和矛盾。

2. 避免选择性倾听

选择性倾听是只听自己感兴趣或认为重要的信息，对不感兴趣或认为不重要的信息则选择性忽略，如此一来，就不能全面地理解对方的意图和需求，可能会导致误解和偏见的产生。

3. 不要盲目性倾听

倾听时，如果不客观、理性地分析对方的话，缺乏思考，从自己的经验出发去理解对方的意思，可能会与对方的本意相去甚远，导致沟通出现障碍和矛盾。

说与接的痛点

教你止痛

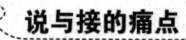

倾听很重要，通过倾听对方的观点和意见，我们能够更好地了解对方的需求和想法，然后进行有针对性的接话回话，从而更快地达成共识、找到解决矛盾和问题的方法。

1.注意对方的语言和非语言线索

倾听时要注意对方的用词、语气、语调等，因为词汇的选择、语气的轻重、语调的变化都可能隐含着特定的意图，如"不过""但是"等词出现时，往往意味着对方将要说出真实的想法。

> 那很好。不过，你有没有考虑过尝试新的方法或策略，进一步扩大项目的成果？

2.倾听并重复

在回应之前，确保你已经充分倾听并理解了对方的暗示，尝试用自己的话重复对方的暗示或需求，以确认自己的理解是否正确。

> 哦，你听李阿姨说加了香菇、木耳的蔬菜汤很好喝，我们晚上要不就吃这个吧？

3.提出问题以澄清

如果你对对方的暗示有疑问或不确定自己理解得对不对，不要急于给出回应，可以明确地提出问题来弄清对方的意图。例如："你是指……吗？""你是希望我做……吗？"对方回答后再说自己的观点和想法。

> 您是希望我尝试新的方法和策略，来扩大项目的成果吗？

二、客户为什么没下文了呢

痛点面面观

下午，我正在店里昏昏欲睡时，一位老人走了进来。他围着那辆新车转了好几圈，我打起精神，走过去问他："您喜欢这辆车，是吗？"老人说："是的。我想给女儿买，女儿就要工作了。"我说："那这款车挺适合的。"老人说："我女儿很优秀，她是当年的省高考状元。她喜欢运动，也喜欢听音乐。"我急切地说："那很好！我给您介绍一下这款车的各项性能吧！"老人却说："我再考虑考虑吧！"说完就走了。我很奇怪，他明明有购买需求，可为什么没下文了呢？难道我做错了什么？

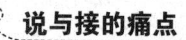

直击痛点

高情商的人更善于倾听，因为他知道善听比善言更重要。善听能够关注到对方的情感需求，能通过倾听建立情感连接。在商场上，这一点尤为重要，因为倾听能够让我们更好地理解客户的需求和期待，从而更好地"对症下药"，否则，就可能错失成交、合作的机会。

1. 缺乏信息理解

如果一个人不擅长倾听，他就可能错过对方话语中的重要信息。这些信息可能包括潜在合作机会、深度沟通、市场需求变化或竞争对手动态等。

2. 误解对方需求

不会倾听，就可能误解对方的意图，以致无法满足对方的需求或提供不合适的解决方案，影响与对方的关系，甚至错失与对方合作的机会。

3. 缺乏信任关系

不善于倾听的人会让对方感到被忽视或不被尊重，从而破坏双方之间的信任。缺乏信任会使我们很难获得对方的认可和支持，更不要谈获得商业合作的机会了。

4. 错过创新思维

善听的人，能够从他人的观点和想法中得到新的启示，或者发现新的机会点。然而，不会听的人就会忽视这些，局限在自己的思维模式里，错失可能的创新机会。

第六章　不会倾听，不能先听后说

教你止痛

倾听在发现机会上的重要性不容忽视，它不仅能够帮助你深入地理解他人的需求和期望，还能够让你抓住潜在的机会。

1. 表达理解

倾听的同时，通过点头、微笑或眼神交流等方式表达自己的态度，确保自己准确理解了对方的意图后再接话回话，从而达到事半功倍的效果。

> 听您谈论女儿，我真羡慕您的女儿有一位以她为傲的父亲，她也确实值得您骄傲。您的意思是不是想让我根据您女儿的特点、喜好，推荐一款为她量身定制的汽车呢？

2. 收集信息

有效倾听还能够收集有关对方的信息，将有用信息进行整理和分类，有助于你更好地把握事情或对话的进程和方向，制订出更加有效的谈话策略。

> 您的一番说明，让我明白了交货时间对您的重要性。我们会尽快评估当前的生产能力和资源，看看是否有调整交货时间的可能性。

3. 用"Yes 聆听"与对方共鸣

当对方提出观点或抱怨时，用"YES 聆听"的方式来回应，即通过赞同对方的部分内容来建立认同，从而降低对方的抵触情绪。

> Yes，我完全理解你的感受。这个项目确实很具有挑战性，但我们可以一起努力征服它。

三、原来是我漏听了"关键词"

痛点面面观

吃完饭,我和小敏往办公室走去。小敏兴奋地说:"你知道吗?我减肥一个月瘦了10斤。"我说:"那你很厉害啊。"顿了一下,我又接着说:"咱们下午是不是有个策划会?"小敏说:"是的。我看见销售部的晓娜了,我去跟她打个招呼。"说完,她就跑开了。我听到小敏又在跟晓娜说:"我减肥一个月瘦了10斤。"晓娜说:"你可太厉害了。快给我讲讲,你是怎么做到的。"小敏开始眉飞色舞地讲起来。我瞬间明白,她不跟我聊了是因为我漏听了"关键词"!

直击痛点

关键词是谈话的核心，也是说话主体想要表达的主要内容。在谈话中，听到并抓住关键词有助于快速定位话语中的关键信息，提高沟通效率。相反，如果漏听了对方话语里的关键词，可能会出现一些我们不希望看到的情况。

1. 对方兴趣减弱

如果你频繁地漏听对方的关键词，会让对方感到自己的分享没有被充分关注和理解，而失去继续分享的欲望，使对话变得乏味。

2. 中断对话

如果你漏听了关键词，就可能无法正确地理解对方的意图或话题，使对话出现中断或停止。这样会让双方变得尴尬，甚至让对方觉得你"不会说话"。

3. 产生误解

漏听关键词可能会使一方对另一方的意图或话语产生误解，甚至引发不必要的争执或冲突，给双方的关系造成负面影响。

4. 信息缺失

关键词往往承载着重要信息，漏听关键词就意味着遗漏了重要的信息点。这可能会导致双方无法充分交流和理解彼此的观点，从而影响对话的深度和质量。

5. 关系疏远

倾听是建立和维护人际关系的重要基石。如果总是在交流过程中漏听关键词，会导致双方的信任度和亲密感减弱，进而渐渐疏远。

说与接的痛点

教你止痛

在谈话中，听准关键词对我们接对话、回好话起着重要的作用。要抓住对方话语里的关键词，首先需要保持专注并仔细聆听，还要做到以下几点：

1. 注意高频词

在对话中反复出现的词汇往往是关键词，你可以选择关键词作为接话的重点，进一步展开讨论。

> 我也很喜欢旅游，你最喜欢的旅游目的地是哪里？

2. 寻找转折词

如果对方的话语中出现转折词，如"不过""但是"时要留心，转折词后说出的话往往最关键。听准并在回应中重复关键词，能让对方确认你已经理解他的话语，从而使你的回应与对方观点的关联性更强。

> 你觉得成本过高的原因是什么？我们有哪些方法可以降低成本？

3. 关注结论或总结

通常在结论或总结时，说话人会重述自己的观点或提出建议，这也是关键词出现的时候。

> 你的意思是我们的售后服务跟不上，那我们就讨论一下如何加强售后团队的建设，以提高他们的响应速度和服务质量吧。

四、算了，我跟你说不清楚

痛点面面观

餐桌上，妻子说："我在超市看到一款新的咖啡机，功能特别多，还能通过手机 App 操作。"我说："咖啡机？你买咖啡机干吗？你不是喜欢喝茶吗？"妻子说："我是喜欢喝茶，但偶尔也可以尝尝咖啡呀，而且这款咖啡机看起来很不错。"我说："可是，你又不经常喝咖啡。你别一时冲动买咖啡机，买了之后肯定会后悔的。"妻子说："你怎么能这么说呢？我只是看了一款咖啡机。"我说："但是你真的不需要它啊！"妻子说："算了，我跟你说不清楚。"我很纳闷，怎么就和我说不清楚了？

说与接的痛点

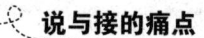

直击痛点

倾听是有效沟通的基础。在接话回话前，需要认真倾听对方的观点和感受，一方面可以表达对对方的尊重，另一方面可以准确理解对方的意图和需求，从而使对方更愿意分享自己的想法和感受。如果倾听不认真，就会产生一系列问题。

1. 降低对方的尊重感

当一个人说话时，对方没有给予足够的关注和理解，就会让说话的人觉得自己的话无关紧要，同时感到自己没有被尊重。

2. 加深误解、引发冲突

倾听不认真，容易忽略谈话者提供的细节信息，从而无法准确理解对方的意图和需求。这种误解可能引发不必要的冲突，影响双方关系的和谐发展。

3. 阻碍信任关系的建立

信任是人际关系的基石。若听者无法充分倾听，双方就难以建立信任。在缺乏信任的环境下，对话沟通的效率和效果会大打折扣，进而阻碍双方关系的深入发展。

4. 减少情感共鸣

倾听不仅是接收信息，还是情感的交流和共鸣。倾听不充分时，双方之间的情感联系便会减弱，以至于难以产生共情和理解，从而影响双方进一步的交流。

第六章　不会倾听，不能先听后说

教你止痛

倾听在对话中起着至关重要的作用，通过提高倾听能力，我们可以更好地理解对方的观点和感受，建立信任和理解，从而更容易产生共鸣、达成共识或合作。

1. 倾听时不要急于接话

在对话中保持尊重的态度，不要打断对方的话或急于表达自己的观点。可以使用简短的肯定性词汇，让对方知道我们在认真倾听。适时、简短的肯定既不会打断对方的思路，又能够表达我们的关注和理解。

> 嗯嗯，请继续！

2. 提出问题

对方暂停说话时，可以通过提出问题来进一步了解对方的观点或感受，问题需要简单明了，且与对方正在谈论的话题相关。

> 咖啡机是什么品牌的？都有什么功能？你能详细说说吗？

3. 避免偏见，保持开放心态

倾听时，尽量保持开放的心态，避免先入为主的偏见或观念影响你的判断。尤其是在与不同背景的人交谈时，不要急于否定或反驳对方的观点。我们可以尝试理解对方的立场和想法，对拓宽自己的视野、培养新的思维方式也很有利。

> 你这个想法确实是我没有考虑过的，对于开拓市场有重大意义，能再多谈谈吗？

说与接的痛点

五、怎么总是教育我？我只是想倾诉一下

痛点面面观

吃饭时，女儿郁郁寡欢地说："妈妈，我最近感觉好累，学习压力太大了，每天都学习、写作业到很晚。"我说："哎，你这算什么累？你看看那些建筑工人，他们每天工作十几个小时，风吹日晒的，那才叫累呢。"女儿说："我知道他们很辛苦，但是我现在真的感觉很累。"我说："你就是心态不对，你得学会调整自己的心态，别总是抱怨。"女儿说："怎么总是教育我？我只是想倾诉一下。"说完，饭也不吃就回自己的屋里了。一次失败的交流，是哪里出问题了呢？

妈妈，我最近感觉好累，学习压力太大了……

哎，你这算什么累？你看看那些建筑工人……

第六章　不会倾听，不能先听后说

直击痛点

倾诉是情感释放和表达的一种方式，当个体经历压力、困扰、快乐或其他强烈的情感体验时，会渴望与他人分享这些感受。面对倾诉，教育和指责是十分不恰当的回应方式。

1. 伤害对方的自尊心

指责会让对方感到被否定和攻击，严重伤害其自尊心。尤其是指责发生在公共场合或外人面前时，伤害更加严重。

2. 阻碍对方表达

指责可能让对方感到被误解或不被接受，从而不愿意继续表达真实的想法和感受。这会导致沟通中断，无法深入对方的内心世界。

3. 削弱对方的自信心

持续的教育和指责可能让对方觉得自己一无是处，使其自信心下降。这会影响对方的心理健康，甚至可能引发焦虑、抑郁等心理问题。

4. 对双方关系产生负面影响

教育和指责往往伴随着负面情绪，会导致双方关系紧张或疏远。在倾诉的情境中，倾诉方期待的是理解和支持。

5. 阻碍问题的解决

教育和指责关注的往往是过去的错误或问题，而不是如何解决问题。这种沟通方式无法促使双方共同寻找解决方案，反而可能使问题更加复杂，难以解决。

说与接的痛点

教你止痛

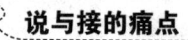

在倾诉的过程中，倾诉者会向信任的人讲述自己的经历、感受和想法。作为被信任的人，面对倾诉者，应该采取倾听、理解和支持的态度，帮助对方表达真实的想法和感受，以减轻对方的情绪压力，必要时还要共同寻找解决问题的方法，这样才能够建立起良好的沟通关系。

1. 表达关心

通过表达共鸣和关心，让对方感受到你的支持和理解，从而更愿意敞开心扉。

> 听起来你有些困扰，愿意和我分享一下吗？

2. 肯定对方的感受

肯定对方的感受，这有助于减轻对方的心理压力和负担。

> 我完全理解你的感受，你看上去确实很累。

3. 确认和反馈

通过确认和反馈对方的感受，让对方知道你正在认真地倾听和理解他所说的话。

> 所以，你现在感到很难过，对吗？我理解你现在的心情。

4. 提供情感支持

给倾诉者提供情感支持，会让他觉得不孤单，觉得自己是被爱的，从而可以重拾信心去面对困境。

> 我在这里陪着你，我们一起渡过这个难关。

六、我该怎么安慰失恋的你

痛点面面观

我赶到咖啡馆，小雨正呆呆地坐着。我一坐下，她就说："我和男朋友分手了，好难过，感觉整个世界都崩塌了。"我说："没事，分了就分了吧，世界上又不是只有他一个人。"小雨说："可是……我真的很爱他，我们在一起那么久，突然就结束了，我感觉好无助。"我说："感情的事情就是这样，合不来就分，你还年轻，有的是机会。"小雨说："你说的我都懂，但我就是很难过。"我说："难过有什么用，还是接受现实吧。"小雨突然站起来说："失恋的痛苦你不懂！再见！"说完就跑走了。我蒙了：小雨，我该怎么安慰失恋的你？

直击痛点

当朋友失恋后向我们倾诉时，我们通常会想尽办法去安慰他们，但不恰当的安慰方式可能会适得其反。

1.忽视朋友的感受

表面上在安慰，实际上并没有真正倾听和理解朋友的感受。这可能会让朋友感到孤独和不被理解，不利于他们启动健康的情绪应对机制。

2.过早或过度安慰

一听到朋友失恋，就立即安慰，或者多次说出"时间会抚平一切"之类空泛的话语。这样可能让朋友觉得自己的感受被忽视或低估，不利于他们正确地面对和处理自己的情感挫折。

3.贬低前任

在朋友面前贬低他们的前任，想要减轻朋友的痛苦。然而，这可能会让朋友怀疑自己，觉得自己被误导或误导了他人，也可能让他们对自己持否定态度。

4.给出不切实际的建议

在朋友倾诉时，给出不切实际的建议，如"你应该立即开始新的恋情"或"你应该完全忘记过去"等，这可能让他们感到更加无助或沮丧。

5.强迫对方倾诉

如果朋友不愿意谈论失恋的感受或某些细节，要尊重他们当下的决定和感受。否则，可能会让朋友感到被逼迫或不被尊重，加剧他们的负面情绪。

教你止痛

朋友失恋后，倾听和共情是很好的安慰方式。倾听和共情在人际交往中紧密相连，相互支持，相辅相成，共同构成了有效沟通的基础。

1. 倾听并理解

认真倾听朋友的感受，理解他的痛苦和困惑。要尽量与对方的语气和情绪保持一致，以表现你的真诚和理解。

> 我能感受到你现在的心情。失恋确实是一件很痛苦的事情，尤其是你真心投入过这段感情。

2. 重复对方的话来共情

当朋友失恋时，重复对方的话并与他们共情是一种非常有效的安慰方式。这可以让对方感到被理解，从而增强你们之间的情感联系。

> 我明白了，分手确实很难受，尤其是你们曾经那么相爱。你现在一定觉得心里空落落的，好像失去了什么重要的东西一样。

3. 表达支持

向朋友强调你的支持和陪伴，让对方感到不孤单。可以是简单的安慰、鼓励或建议，具体取决于对方的情感和需求。

> 难过是正常的反应。你可以允许自己伤心一段时间，但也要记得，生活还是要继续的。我会一直在这里陪着你，和你一起慢慢走出这段阴影。

说与接的痛点

名人委婉接话回话的经典案例

（一）

孔子在陈国和蔡国之间受困，粮食断绝，七天没有吃上饭，白天也只能躺着休息。颜回讨来米煮饭，快要熟时，孔子看见颜回用手抓锅里的饭吃。饭熟后，颜回请孔子吃饭，孔子假装没看见颜回抓饭吃，起身说道："刚才我梦到祖先了，应该拿这些清洁的食物先祭祀他们。"颜回忙说道："不行！刚才有灰尘掉到锅里了，我用手抓了出来，觉得扔掉不太好，自己便吃掉了。"孔子听后自我反省道："原以为眼见的会为实，谁知道眼见的也未必可信哪；原以为可以凭借内心衡量，其实自己的内心也未必可靠哇。弟子们，你们要记住，真正地了解一个人是多么不容易呀！"

案例分析：

> 孔子先倾听了学生的阐述，然后做出正确的判断。这不仅体现了孔子的宽容和智慧，还展示了倾听在消除误会和增进理解上的重要作用。

（二）

戴尔·卡耐基是20世纪著名的演讲家和人际关系专家。

有一次，戴尔·卡耐基参加了一场重要的晚宴，遇到了一位世界知名的植物学家。卡耐基全神贯注地倾听植物学家的发言，并时不时地点头表示赞同，或提出相关的问题来进一步了解对方的想法。晚宴结束后，植物学家对卡耐基赞不绝口，认为他是一个"能鼓舞人"的倾听者和"有趣的谈话高手"。

案例分析：

> 戴尔·卡耐基并没有说很多话，只是通过恰到好处的倾听就赢得了植物学家的尊重和好感。

第七章

不懂拒绝，总是为难自己

在人生的每个阶段，我们都会面临各种各样的请求、邀请、压力和挑战，一味应承，会使我们疲惫不堪，如果善于甄别并适当拒绝，对个人的成长和幸福会倍加有益。

斯蒂夫·乔布斯说："有时候，我们得学会说'不'，这样才能保持内心和行动的自主权。"是的，学会拒绝，意味着我们能够更加清晰地认识自己，明确自己的界限和底线，在面对诱惑和压力时保持自我、不迷失方向。

奥普拉·温弗瑞说："勇敢地说'不'，那样会给你带来更多的机会与自由。"当我们能够勇敢地拒绝那些不符合自己意愿或价值观的请求时，我们会感到更加自信和有力，同时激励自己追求更高的目标，成为更好的自己。

马丁·路德·金说："人生太短暂，没有时间为不值得的事情浪费心力。"难道不是吗？

说与接的痛点

一、他的请求触及了我的底线，怎么办

痛点面面观

周末，我正在家里看书，认识了十多年、关系很好的邻居来敲门。我请他进来坐下，他说："王哥，我想请你帮个忙。"我说："你说什么事，我能帮上一定帮。"邻居说："我公司刚起步，最近资金周转有些困难，你工作稳定，能不能用你的信用，帮我从银行贷点儿款，我给你8%的利息。"听他说完，我一时竟不知该怎么接话。拒绝吧，他张口了；不拒绝吧，这件事是不合法的。我该怎么说呢？

> 我公司刚起步，最近资金周转有些困难……

> 这件事应该是不合法的吧……

直击痛点

在人情社会里，互帮互助本是好事，但有时难免会面对一些不合理的请求，这时候，我们要敢于直接拒绝。这样既能够表达自己的立场和原则，又能够建立更加健康和平等的人际关系。

1. 触及个人原则

当对方的请求与你的个人原则或价值观相违背时，直接拒绝是坚守个人信仰和道德的必要手段。

2. 有损个人权益或利益

当对方的请求可能损害到你的个人权益或利益时，如需要牺牲自己的时间、金钱、精力或其他利益，而对方没有相应补偿，直接拒绝就是在保护自己。

3. 超出个人的能力范围

如果对方的请求超出了你的能力范围，你觉得自己无法完成或无法达到对方的期望，那么直接拒绝可以避免因无法履行承诺而使对方尴尬、失望。

4. 涉及风险

当对方的请求可能会带来风险时，尤其是这些风险会对你产生负面影响时，直接拒绝会避免使你陷入风险。

5. 多次提出无理要求

如果对方曾多次向你提出不合理的请求，且你已经尝试推脱，但对方仍不罢休，这种情况下直接拒绝就很有必要，可以让对方明白你的立场和底线。

说与接的痛点

教你止痛

人际交往中，提出不合理的请求往往是因为忽视了另一方的感受和需求，也往往会给另一方带来额外的压力和困扰。如果我们总是为了满足别人的请求而牺牲自己的利益，就会逐渐失去自我、感到疲惫不堪，甚至影响我们的工作和生活。因此，要坦诚且明确地表达出自己无法或不愿意接受对方的请求或提议。

1. 简单拒绝法

语气坚定地用简短的语言拒绝，表明自己的立场，但不失礼貌。

> 对不起，这件事我不能帮忙。

2. 礼貌解释法

面对无理要求，直接拒绝之前，可以稍作解释，以表达对对方的尊重。

> 我理解你的请求，但我认为这与我的个人原则不符，所以我不能接受这个请求。

3. 自我保护法

说出对方的要求给自己带来的麻烦和困扰，坚决维护自己的权益，让对方无法再开口。

> 这件事你可太难为我了，对我而言，风险太大了，超出了我能够承受的范围，所以我不能答应你。

二、我有理由拒绝他吗

痛点面面观

下班时间到了，我还在埋头写报告。快要写完了，今天终于可以早些回家。我正心中窃喜，同事小程过来说："小冯，张总让我去机场接人，我这个PPT还没有做完，你能帮我接着做吗？材料都在文件夹里了。"我心里一紧，想都没想就说："不能。"小程说："给我个理由呗。"啊？我说什么理由好呢？

这点儿小忙都不愿意帮我，你总要给个理由吧？

啊？拒绝还需要理由吗？

说与接的痛点

直击痛点

拒绝需要理由吗？你可以说"不需要，因为我不喜欢帮你"，这样听上去确实很"爽"。但现实生活中，在拒绝有些人、有些事时还是需要一个听起来合理的理由的，给了理由，就给了对方尊重，让对方能够接受我们的拒绝，同时还能维持彼此之间的关系。

1.涉及合作关系或工作责任时

当拒绝的请求与合作关系或工作责任相关时，给出理由可以确保对方了解你的立场，并有助于维持双方的良好关系。

2.请求者需要明确的解释时

如果请求者希望得到一个明确的答案或解释，以便他们了解拒绝的原因并作出相应的调整，那么给出理由是很重要且必要的。

3.拒绝可能引发误会时

当拒绝可能会引起误解、不满或争议时，给出理由可以帮助对方理解你的决定，从而减少不必要的冲突。

4.拒绝涉及敏感或重要的问题时

当拒绝的内容涉及敏感或重要的问题，如个人隐私、伦理道德等，给出理由可以表明你的立场和原则，并增强你的信誉度和可靠性。

教你止痛

选择合适的理由和表达方式，可以更加有效地处理拒绝的情况，从而减轻对方的心理压力，并减少对双方关系的影响。

1. 先正面肯定，再解释原因

首先感谢对方的信任、邀请或提议，让对方感受到你的尊重和重视，接着解释你无法接受、帮忙的原因。需要明确的是，给出的理由要合理且具体。

> 我很感谢你对我的信任，但考虑到时间和能力有限，我无法帮你完成这个PPT。

2. 强调自身原因或限制

如果有合适的个人原因或限制（如健康问题、家庭原因等），可以通过强调这些原因以减轻对方被你拒绝的压力或尴尬。

> 我真的很想参加，但最近我的身体状况不太好，医生建议我多休息。希望你能理解我的处境。

3. 强调客观原则

在拒绝时，可以强调客观原则，让对方觉得你拒绝是不得已的。

> 很抱歉，这个忙我不能帮你。公司让每个人都签了保密协议，你不会让我做违反公司纪律的事情吧？

三、又要拒绝，还不想伤和气，好难

痛点面面观

周五晚上，我正在看电视，突然电话响了，是车友队的刘侃打来的。接通电话后，刘侃说："兄弟，最近挺好吧？"我说："挺好的。"寒暄了几句，他说："兄弟，我有件事想请你帮忙。"我说："什么事？能帮肯定会帮的。"他说："我的车前几天不小心撞了，送去维修，要一个星期才能修好。可是明天丈母娘从上海过来，要玩几天，没车不方便。我想着咱俩的车一样，就想问问能不能借你的车用几天？"我心想："借车？不能借，他把自己的车都撞了，我怎么放心？可是常在一个车友队活动，怎样才能不伤和气地拒绝呢？"

直击痛点

拒绝，意味着否定对方的意愿和行为。对于过分的、无理的请求，我们自然可以直白地拒绝。但对于下面一些请求，我们需要采取委婉的拒绝方式，以避免伤害对方的自尊心。

1. 请求合理但自己无法满足

当对方的请求是合理的，但由于时间、资源、能力等限制，你无法满足时，委婉地拒绝可以避免伤害对方的感情。

2. 请求涉及敏感话题

当对方的请求涉及敏感话题时，如个人隐私、情感问题等，直接拒绝可能会让对方感到尴尬或不适。此时，委婉地拒绝可以保护对方的尊严和自己的隐私。

3. 请求者的情绪不佳，比较脆弱

如果对方在请求时表现出脆弱或敏感的情绪，直接拒绝可能会让对方感到沮丧或失望，采用委婉的方式拒绝则可以减轻对方的心理负担。

4. 需要维持良好的人际关系

当你与对方需要维持良好的人际关系时，委婉地拒绝可以避免与对方产生直接冲突和矛盾。

教你止痛

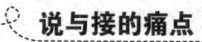

拒绝他人时，要尊重对方的感受和需求。如何既巧妙地达到拒绝的目的，又不让对方心里产生不快，这就需要把拒绝变成一门艺术。

1. 借助第三方来拒绝

拒绝时借助第三方，既可以达到拒绝的目的，又不至于让对方感到尴尬。

> 真是太不巧了，我爱人开着车回老家看望她父母去了，可能要待两天才回来。

2. 有前提的答应

看似答应了对方的请求，但通过设置前提条件的方式以巧妙地达到拒绝的目的。

> 你的忙我可以考虑帮，但前提是我先完成自己手头上的这个项目。如果到时候还有时间，我会尽全力帮你。

3. 拖延时间

对于不是特别紧急、重大的事情，可以通过拖延时间的方式来拒绝，让对方有一个心理准备，从而避免直接拒绝可能造成的尴尬。

> 这周末我已经有约了，你不着急的话，下周我有时间再帮你。

4. 含蓄暗示

通过委婉的暗示来向对方表明你的拒绝态度，让对方知难而退。

> 这个活动听起来很有趣，但最近我真的很忙，可能无法抽出时间参加。希望你能理解。

四、我可以谢绝这样的好意吗

痛点面面观

我最近一直在奋力备战考研,几乎是"两耳不闻窗外事"。下午,一个朋友来到我宿舍,高兴地说:"晓妍,你是不是说过想去西藏?"我说:"是呀!一年前说过。"朋友说:"前两天我一个朋友正好想组团去西藏,我好说歹说才把咱俩加进去,你准备准备咱们过几天就走吧。"啊?我呆住了。还有三周就到研究生考试了,可朋友的一番好意,我该怎么拒绝呢?

> 晓妍,你是不是说过想去西藏……

> 还有三周就到研究生考试了,可朋友的一番好意……

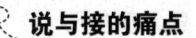

直击痛点

别人的好意可能表现为邀请我们参加某个活动、赠送礼物、提供帮助或建议等。面对别人的好意时，我们通常会感到温暖和感激，因为这些是对方对我们友好和关心的体现。然而，出于下面一些原因，我们有时候无法接受别人的好意。

1. 与个人的原则或价值观冲突

当对方的好意与你的个人原则或价值观冲突时，你需要拒绝以维护自己的立场和信仰。

2. 受自身能力和资源限制

有时，虽然对方是好意，但由于你的能力或资源受限，当下你可能无法接受。

3. 对自己或他人不利

如果接受对方的好意会对自己或他人造成不利影响，那么拒绝是明智的选择。

4. 对个人目标或计划有影响

如果对方的好意与你的个人目标或计划相冲突，拒绝是必要的。

5. 让自己不舒服或不安

有时，虽然对方的请求是出于善意，但如果接受了会让自己感到不舒服或不安，那么拒绝就是保护自己、为自己减轻负担。

第七章 不懂拒绝，总是为难自己

教你止痛

拒绝别人的好意并不意味着你不尊重他们或不想与他们保持联系，如果我们以真诚、尊重和礼貌的方式表达我们的想法，那么既不会伤害到对方的感情，又能展示我们稳重的性格和对他人的尊重。

1. 理解对方，明白拒绝

在拒绝之前，说出你已了解对方的好意，对方心里会舒服一些，就更容易接受你的拒绝。需要注意的是，语气应温和而诚恳。

> 我明白你的好意，但我真的不需要，希望你能理解。

2. 感谢 + 拒绝 + 歉意

先表达感谢，然后说明拒绝的决定，最后表达歉意。这种方式既表达了你的诚意，又避免了直接拒绝可能造成的尴尬。

> 非常感谢你记着我的愿望，这对于我来说确实是一个很好的机会。遗憾的是，我得准备研究生考试，这关乎我的前途，希望你能理解我的处境，我也为我不能跟你一起去西藏感到抱歉。

3. 强调自己的决定，避免伤害对方

在拒绝对方的好意时，要强调这是你自己的决定，与对方的行为无关，这样可以避免对方产生自责或愧疚之感。

> 我想说的是，我拒绝你的好意并不是因为你做错了什么，而是基于我自己的需求和考虑。

说与接的痛点

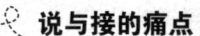

五、怎么拒绝？以后还要合作

痛点面面观

正当我赶写公司的市场分析报告时，手机响了，是一个合作过的客户打来的。接通电话，雷经理说："小丁，你有空吗？我这边有个事情想请你帮个忙。"我说："您请说，我看能不能帮上忙。"雷经理说："我们公司最近接了一个紧急项目，时间很紧，可人手不够。我知道你很有经验，所以想问问你能不能协助我们制作一份市场分析报告？"我看着自己未完成的工作，心里直叫苦。该怎么拒绝呢？以后我肯定还要跟他们合作。

小丁，你有空吗？我这边有个事情想请你帮个忙。我们公司最近接了一个紧急项目，时间很紧，可人手不够。我知道你很有经验，所以想问问你能不能协助我们制作一份市场分析报告？

该怎么拒绝呢？以后我肯定还要跟他们合作。

第七章　不懂拒绝，总是为难自己

直击痛点

在工作、生活中，谁都免不了要请人帮忙，自己也会帮别人的忙。可有些时候，我们确实无法提供帮助，这时就可以在拒绝的同时，给对方提供一些替代方案，如此一来就不会因为拒绝了对方而影响彼此的关系了。

1. 与对方是合作关系或有工作需求

当对方的请求与合作或工作需求相关时，给出替代方案不仅可以帮助对方解决问题，还能够维持双方的良好关系。

2. 求助者需要解决方案

如果请求者明确表示他们需要一个方案来解决某个问题或需求，那么提供替代方案，不仅达到了拒绝对方当前请求的目的，还为他们提供了解决问题的新思路和方法。

3. 拒绝会引发不满或失望

当你的拒绝会引发对方的不满或失望时，给出替代方案就展示了你的关心和支持，也让他们看到了其他解决办法，从而缓解对方的不满和焦虑情绪。

4. 双方关系重要

如果你与请求者之间的关系非常要好，那么提出替代方案可以向对方展示你对他们的关心和尊重。

5. 拒绝后仍有合作机会

当你认为拒绝后仍与对方有合作机会时，为对方提供替代方案，会让他们认为你是一个有能力、有责任感且愿意继续合作的人。

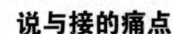

教你止痛

在拒绝的同时给出替代方案是一种有益的沟通策略，不仅有助于减轻对方的失落感，还能表现出你仍然关心他们。提供替代方案时，要确保它们是切实可行的，并且符合对方的需求和期望。此外，要尊重对方的意愿和选择，不要强迫他们接受你的替代方案。

1. 时间和资源方面的替代

如果你是因为时间冲突或者资源有限而拒绝对方，那么就可以提议在另一个时间或提供其他资源来帮对方完成这件事情。

> 非常感谢你的邀请，但我这周真的很忙。不过，下周我有空，我们可以下周再聚吗？

2. 推荐其他人或其他方案

如果你不能提供帮助，可以在拒绝后推荐其他人或机构提供帮助。如果对方的请求超出了你的能力，你还可以向对方提出修改或调整后的方案。

> 我明白你需要我帮忙准备这个报告，但我这周的时间表已经排满了。不过，我可以推荐小王来协助你，他的专业能力和经验比我更优秀。

3. 做出其他形式的补偿

如果你不能提供直接的帮助，那么可以在拒绝后做出其他形式的补偿或提供其他的支持。

> 我不能陪你一起去看电影，但我可以给你买电影票，或者等我加完班一起在家看电影。

六、我都拒绝了，他怎么还不放弃

痛点面面观

那天午后，我正和几位好友喝茶闲聊，一位旧同事打来电话，说："听说你和某大公司采购主管熟，能帮个忙不？我公司产品想打进他们供应链。"我问："你们产品质量认证全吗？价格在市场上有优势不？售后服务体系完善不？"他说："认证有部分还在办，价格和别家差不多，售后人手不太够。"我说："你这条件不太占优，这事儿难搞。"他说："所以才找你搭个线呀。"我说："你目前这情况，不太好弄。"过了两天，旧同事又来电，问："你帮忙问了没？拓展业务急着呢。"我心想：我不是拒绝了？怎么还揪着我帮忙。

> 上次说的采购的事情你帮忙问了没？拓展业务急着呢。

> 我不是拒绝了？他怎么还让我帮忙？

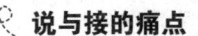

直击痛点

每一个人的资源和能力都是有限的,遇上他人请求而我们无法提供帮助的情况时,就不得不拒绝。此外,某些情况下,拒绝一定要及时且明确,否则可能会耽误对方的大事,从而影响双方的关系。

1. 关系重要决策或承诺

当对方提出一个需要你立即回应的重要决策或承诺时,如果做不到就要及时拒绝,以避免使对方等待,造成误解。

2. 时间或资源紧张

如果你的时间或资源已经非常紧张,而对方的好意会加重你的负担,那么及时拒绝可以避免后续产生误解或冲突。

3. 避免误导或混淆

有时,对方的请求或提议可能与你的意图或目标不符,为了避免误导或混淆,你应该及时拒绝并明确表达你的立场。

4. 对第三方有潜在影响

如果对方的请求或提议会对第三方产生潜在影响,而你不希望这种情况发生,那么及时拒绝可以保护第三方的利益。

5. 需要维护自己的声誉或形象

如果你在某个领域或群体中有一定的声誉或有较好的形象,而对方的请求或提议可能会影响你的声誉或形象,那么要及时拒绝以避免给自己造成不良影响。

教你止痛

及时明确地拒绝他人不合理的要求是维护良好人际关系、提高工作效率的重要手段。拒绝时，既要确保你的态度是明确和坚定的，又要确保尊重对方的感受和需求。

1. 明确并坚定地拒绝

用简单明确的语言表达你的态度，避免使用含糊的措辞，如"可能""不好办"等。

> 他们公司有严格的审批制度，这件事情超出了我的职责范围，请原谅我帮不了你。

2. 尽早回应

一旦你意识到自己不能接受某个请求或提议时，就要尽快给出回应，不要等待"更好的时机"或"更多的信息"，这样可能会让对方产生误解或仍心有期待。

> 非常感谢你的信任，但我真的无法胜任。希望你能找到更合适的人选。

3. 避免过度解释

你的拒绝理由应该简洁明了，避免冗长和复杂的解释，否则会让对方觉得你在犹豫或不确定。

> 抱歉！我已经答应了另一个朋友帮他做同样的事情，所以我不能帮助你了。

说与接的痛点

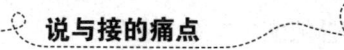

七、被表白，却不是心仪的他/她，怎么办

痛点面面观

晚餐时间，我来到了和好友朱涛常来的饭店，朱涛约我在这里见面。我到时，朱涛已经点好餐在等我。快吃完的时候，他说："抱歉，我离开一下。"我说："没事。"我边欣赏窗外的美景，边吃着饭后水果。五分钟后，朱涛捧着一大束花出现了，我很惊讶。他说："梓涵，我喜欢你很久了，你愿意做我的女朋友吗？"我愣了一下说："请不要这么冲动，我最近工作很忙，没有时间谈感情。"他笑着说："那等你不忙了再说。"啊？我其实是拒绝他的，他怎么不明白呢？

第七章　不懂拒绝，总是为难自己

直击痛点

被表白是一件美好的事情，但如果表白的人不是自己心仪的人，那就需要拒绝了。在拒绝异性的表白时，我们要注意以下几点，以免伤害到对方的感情和你们之间正常的交往。

1. 尊重对方，不要伤害对方自尊

无论你对他的评价如何，都要尊重对方的感受和人格，并以友善的态度表达你的拒绝，避免使用"你不够好"或"我不喜欢你"等过于直接或伤人的语言。

2. 避免模棱两可的回应

拒绝时不要给出模棱两可的回应，如"我现在不确定"或"我再想想"等。这种回应可能会让对方误以为还有希望，从而继续投入感情，最终可能造成更大的伤害。

3. 请勿拖延时间

不要拖延时间，试图以"等等再说"或"以后再说"来搪塞对方。这样会让对方感到被忽视或不被尊重，还可能让对方在等待中陷入更深的情感旋涡。

4. 拒绝时不要过度解释

虽然解释自己的决定能够有助于对方更好地理解自己的想法，但过度解释则可能让对方觉得你在找借口或试图逃避责任。通常，简单、真诚的拒绝就足够了。

说与接的痛点

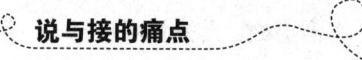

教你止痛

在拒绝异性的表白时，要保持真诚和尊重的态度，用简洁、礼貌的语言表达你的决定，并尽量在私下交流。如果你能够根据对方的性格特点来选择适合对方的拒绝方式，那就更完美了。

1. 表白者是直性子的人

直性子的人通常喜欢直接、坦率的交流方式，因而你在拒绝时可以直接告诉对方自己的想法，但要确保语气温和、措辞礼貌。

> 我非常感谢你的表白，但经过考虑，我觉得我们更适合做普通朋友。希望我们还能保持友好的关系。

2. 表白者是敏感、细腻的人

敏感、细腻的人可能更容易受伤，所以需要更柔和、细致的拒绝方式。在拒绝时要更加注意措辞，避免伤害对方的感情。

> 你的表白让我很感动，但我也需要诚实地告诉你，我目前还没有准备好开始一段恋情。我希望你能理解，也希望我们还能保持友好的关系。

3. 表白者是开朗、乐观的人

开朗、乐观的人可能更容易接受被拒绝，并能够快速调整情绪。因而你要用坦诚且积极的方式，直接地表达你的想法，同时给对方一些积极的建议。

> 我很欣赏你的勇气和直率，但我现在还不想开始新的感情。你是一个很棒的人，我相信未来你一定会遇到更适合你的人。

第八章

害怕面对"新"人，无法融入新圈子

从我们呱呱坠地开始，人生就是一场不断前行的旅程，我们常会与新人相遇、适应新环境、融入新圈子。

人生中，遇到的每一个人都可能成为我们的贵人。每一次面对新人、新环境、新圈子，都是个人成长和成熟的契机。虽然与新人、新环境、新圈子打交道往往伴随着未知和挑战，但也蕴藏着无限的可能和机遇。只有勇敢地主动迈出第一步，才能发现那些隐藏在挑战背后的宝贵机会。

人生中的每一次相遇都是缘分。我们应该珍惜与每一个人的相遇，无论是短暂的交集还是长久的陪伴。因为这些相遇让我们的人生更加丰富多彩，也让我们在成长的道路上不觉孤单。

说与接的痛点

一、怎么认识邻座的他/她

痛点面面观

新入职了一家公司,看着周围陌生的面孔,心里有些紧张,什么时候才能融入呢?下午,电脑屏幕上跳出一则部门内部消息,是大家欢迎我加入,准备聚餐,我的内心更加忐忑。

聚餐地点定在公司楼下的一家精致的饭店里。部门经理向大家介绍了我,又向我一一介绍了其他同事。大家开始边吃边聊,我却无所适从,只有部门经理偶尔跟我说两句话。后来部门经理出去接电话了,场面就更尴尬了。我融入部门的突破口到底在哪里呢?

第八章 害怕面对"新"人，无法融入新圈子

直击痛点

我们在进入新的学校、步入新的工作岗位、组建新的家庭、参加新的社交活动或者旅居国外时，就要面对一个新的圈子。融入一个新圈子对不同的人来说，难度也不同，主要的困难有以下几方面：

1. 文化差异

如果新圈子与你之前的社交环境存在文化差异，如语言、习俗、价值观不同等，可能会使你感到困惑和不适应。

2. 缺乏共同语言

如果与新圈子的人没有共同的兴趣爱好或话题，你就会觉得难以与他们进行深入的交流。

3. 对社交有焦虑

在新环境中，有些人可能感到焦虑或紧张，担心自己的表现不够好，害怕被不熟悉的人拒绝或嘲笑。

4. 缺少自信

有自信是融入新圈子的关键因素之一。如果你缺乏自信，就会觉得自己无法满足新环境的要求，从而导致难以展现自己的优点和魅力。

5. 缺乏信任

初入新环境，建立信任关系需要付出时间和努力。如果你感到自己不被信任或不被接受，那么就无法融入新圈子。

6. 需要了解适应新规则

每个社交圈子都有自己的规则和习惯。初来乍到，不了解新的规则和习惯，可能会让你暂时感到困惑或不安。

说与接的痛点

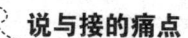

教你止痛

要融入新圈子，可以从与你的"邻座"搞好关系开始，无论是你工位的邻座、聚餐的邻座，还是社交活动的邻座都可以。

1. 真诚地微笑和打招呼

在与新圈子的人交往时，保持真诚和坦率是非常重要的，这有助于你赢得他人的信任。当你首次见到邻座的人时，真诚地微笑并主动向对方打声招呼，简单的问候可以打破沉默，让对方感到友好和舒适。

> 你好，我是新入职的陈雨晴，很高兴认识你。

2. 寻找共同话题

观察对方的穿着、携带的物品或周围的环境，寻找可以谈论的共同话题。

> 你的穿着真有品味，我特别喜欢你这件外套的设计。你是在哪里买的？还是找人定制的？

3. 倾听并回应

无论邻座说什么，都要保持积极的态度和友好的表情。邻座的人说话时，要认真倾听，当他们讲完自己的观点或故事后，你可以通过回应来延续话题，这样一来，你们就可以慢慢交流了。

> 哇，这听起来很有趣，你是怎么想到这个主意的？

二、初来乍到，"多说"还是"少说"

痛点面面观

新婚后的一个周末，婆家的亲戚都到婆婆家里来聚会。早上公司有急事，我加完班，赶到婆婆家的时候已经到吃午饭的时间了。为了融入新的大家庭，我在餐桌上给亲戚们夹菜，还跟每个人打招呼、聊天，一会儿跟小姑聊时装，一会儿跟舅舅聊社会热点。看到大姑的女儿正闷闷不乐地坐着吃饭，我问她："你老公怎么没来？又出差了？"话音刚落，我老公就用胳膊碰了碰我，婆婆也说："你不是饿了吗？少说两句，赶紧吃饭。"大姑的女儿说："我前几天离婚了。"天哪，尴尬了！

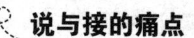

直击痛点

在多人聚会的场合，作为新人，也许你想积极地参与沟通，尽早些融入新圈子，可是有时候不仅"多说无益"，还可能造成一些不良后果。

1. 对新圈子缺乏足够的了解

作为新人，你可能对新圈子的运作、相处方式不够了解。在没有充分了解和掌握相关信息的情况下，过多的发言可能会暴露你的无知，甚至被人误解，从而影响他人对你的印象。

2. 可能产生误解

新人在表达自己的观点或想法时，可能会因为对新圈子的不熟悉而产生误解。这可能导致你的接话回话被误解或引起不必要的争议，进而影响你与"圈"内其他成员之间的关系。

3. 过度表达可能引起反感

如果新人过于频繁地接话或表达自己的观点，可能会让"圈"内其他成员感到不适或反感。尤其是在一些需要谨慎对待的问题上，过多的言论可能会让人觉得你过于自信或冒失。

4. 言语过多，引发怀疑

在新环境里，尤其是职场中，行动往往比言语更重要。作为新人，如果你过多地表达，"圈"内其他成员可能会怀疑你的工作能力，认为你说的比做的好，进而对你产生不信任感。

第八章　害怕面对"新"人，无法融入新圈子

教你止痛

新人在新环境或新圈子中适当地控制自己的表达欲是很重要的，在重要场合必须发言时，也要确保自己的发言具有价值和意义，这有助于新人更好地融入团队，并赢得"圈"内其他成员的信任和尊重。

1. 多听少说

始终专注于正在发言的人，与在座其他人的关注点和态度一致，就不会影响整个圈子的氛围，同时通过点头、微笑或简单的回应来表明你在认真地听。

> 我明白了。/ 嗯，是这样的。

2. 理解清楚再接话

如果有人问你问题或者询问你对某个问题的看法，那么在回应前，确认自己对对方的话已有清晰的理解，当然，也可以用自己的话总结对方的观点以确认你的理解与对方的意思一致。

> 我注意到你一直在为这个问题烦恼，数据错误给你带来了很大的困扰，是吗？

3. 简洁回应

简洁的接话有助于你在新圈子里快速融入，同时也能够表现出你积极、开放的态度。

> 听起来很棒，希望下次我也能参加。

三、和新同事聊些什么

痛点面面观

我刚调到新单位不久,领导就安排大家去团建。在组织方的带领下,我和新同事们玩得很开心,配合得也很顺畅。中间休息时,大家三三两两地坐在一起聊得热闹。我在同事小关身边坐下,想聊些什么,却不知道说什么好。就在这时,小关说:"我好几次看见你早上不坐电梯,而是爬楼梯到公司。"我说:"是的,这是我的习惯。早上状态好,就通过爬楼梯来健身。你平时怎么健身?"然后我们就"健身"这个话题聊了起来,而且还聊得挺愉快。小关真是找话题的高手,我怎么才能像他一样呢?

第八章 害怕面对"新"人，无法融入新圈子

直击痛点

到了新环境、面对新圈子，我们会希望自己呈现出比较完美的形象，所以会"步步留心、时时在意"。我们不熟悉周围的同事、不了解他们的兴趣爱好和他们之间的相处模式，开口聊天时必然会有一些压力，常常不知道从什么话题开始聊。这都是正常的，不过我们可以尝试从以下几方面入手，帮助自己在进入新环境、新圈子时迅速找到社交话题。

1. 放轻松

意识到有社交压力是正常的，不必过于紧张。深呼吸，放松自己，告诉自己这只是一个新的开始，你绝对可以逐渐适应并融入其中。

2. 观察环境

观察当前所处的环境，从中找到话题的切入点。如果是在一个活动或聚会上，你可以谈论活动的主题、装饰、氛围等。

3. 关注对方

将注意力集中在对方身上，而不是过于关注自己的表现。关注对方的言语、表情和肢体语言，以更好地了解对方，并据此作出适当的回应。这样也可以让你更加专注于对话本身，减少紧张感。

4. 避免完美主义

与他人交流是一个双向的过程，旨在分享想法、建立联系和增进了解。因此，不应期望自己在每次交流中都表现得完美无缺。

说与接的痛点

教你止痛

当我们放松下来，就会发现，进入新环境或新圈子，可聊的话题还是很多的。除日常的安全话题外，我们还可以聊一些能够使对方提起兴趣并产生倾诉欲的话题。

1. 聊对方感到得意的事情

每个人都有自己感到得意的事情，那通常是自身价值的体现，是人生中的高光时刻。因此，聊对方感到得意的事情，不仅很安全，还会让对方越聊越开心。

> 听说最近挺火的 App 是你们团队研发的，你们太厉害了！能说说你是怎么想到的吗？

2. 聊对方在意的人或事

我们每个人都有自己在意的人或事，可能是父母、爱人或孩子，也可能是买房、购车、兴趣爱好等，聊起这些，相信每个人都有说不完的话。

> 孩子五岁了呀！很可爱吧？在哪里上幼儿园呢？

3. 聊对方不经意表现出来的小细节

每个人都有自己的习惯和行为方式，如穿衣习惯、饰品风格、乐观的性格等，聊这些就可以体现出你对对方的关心。被人关心总是令人开心的，因此聊起来也会令人愉快。

> 我发现你喜欢戴民族风的耳环，它与你的脸型、气质特别搭。你是在哪里买到这么好的饰品的？

四、怎样才能让聊天继续

痛点面面观

午饭后,我来到休息室,看到几个同事在聊天。我走过去坐在沙发上,问道:"你们在聊什么呢?"小黄说:"我们在聊编程,最近都想提高编程技能。"我说:"哦,编程啊,我不太懂。"大家陷入了沉默,我为了缓解尴尬,说:"你们喜欢旅行吗?"小董说:"我喜欢旅行,前不久刚去过新加坡。"我说:"新加坡呀!我没去过。"大家再次陷入沉默,我尴尬得恨不得找个地洞钻进去。怎样才能让聊天继续呢?

说与接的痛点

直击痛点

在新圈子里，常常会因为各种各样的原因陷入无法继续聊天的尴尬境地，这时我们不妨使用"提问"的方法，使话题继续进行。

1. 用提问表现你对所谈内容的兴趣

当你向对方提问时，实际上是在表达你对对方所说的内容很感兴趣。这会让对方感到被重视和被尊重，从而更愿意继续与你交流。

2. 了解对方，建立联系

提问是增进彼此了解、建立联系的有效方式。通过提问，你可以引导对方多说，这样你就有机会更好地了解对方的背景、兴趣、观点等，从而找到共同点或建立新的联系。

3. 避免尴尬

当对话陷入僵局或气氛变得尴尬时，提问可以帮助我们找到新的话题，从而打破沉默，让气氛重新活跃起来。

4. 提问能够使对话更深入

一个好的问题能够引发对方的思考，因此，借助提问，你可以使对方分享更多的想法、观点或经历，让对话内容向更丰富、更深入的层次延伸。

5. 保持对话的互动性

聊天是一个"双向奔赴"的过程，需要双方的参与和互动。提问可以保持对话的互动性，让每个人都有机会发言，表达自己的观点。较强的互动性有助于参与对话的个体之间建立更加紧密和深入的联系。

第八章 害怕面对"新"人，无法融入新圈子

教你止痛

提问是聊天中不可或缺的一部分。如果能够适时地提出问题并和大家探讨，那么你已经迈出了关键的第一步，距离正式融入新圈子也不远了。

1. 顺着原有的话题问

我们常常会在聊天陷入沉默的时候，急于更换一个新话题，好让聊天继续。其实不然，我们完全可以顺着原有的话题提问，把话语主动权交给对方。

> 新加坡呀！我没有去过。不过，你能给我说说那里的风土人情吗？

2. 在原有话题中找到新的关注点

一个话题中，可以提问的方向有很多。例如，按照事件的要素——时间、地点、人物等提问，或者按照事件的顺序——开端、经过、结果等提问。

> 什么季节去新加坡比较合适呀？我是个"吃货"，那里有什么好吃的？

3. 向原有话题相关的方向提问

如果原有话题你实在不感兴趣，那么不妨问一问与之相关的问题，如"×××有没有人去过，听说那里也不错"，这样你就不会因为一直附和别人，而觉得对话索然无味。兴致上来了，谈话自然就能够愉快地进行下去啦。

> 听说新加坡有位明星最近上了"热搜"，你们知道吗？

说与接的痛点

五、如何拉近我们的关系

痛点面面观

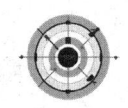

　　我到新公司有几周了，也渐渐熟悉了新公司的文化和工作，但是和同事们还是很生疏。看着他们闲暇时聊得开心，我想加入进去。那个正在说话的应该是小周，他说："我昨天看了新上映的电影，那个结局很出人意料。"我趁机插话道："我也喜欢看电影。你说的那个电影我也看了，我倒觉得这个电影的结局处理得很好。"说完，周围的同事奇怪地看着我。小周说："是吗？看来仁者见仁，智者见智了。我还有点儿工作处理，你们先聊。"小周走了，其他几个同事也陆续走开了。他们平时都要聊很久的呀，难道是我说错什么了吗？

> 我昨天看了新上映的电影，那个结局很出人意料。

> 我也喜欢看电影。你说的那个电影我也看了，我倒觉得这个电影的结局处理得很好。

第八章　害怕面对"新"人，无法融入新圈子

直击痛点

进入一个新环境，稍微熟悉之后，和新认识的同事、同学等分享自己的兴趣爱好、生活小事确实能够拉近彼此之间的关系。一方面，能够增进双方的了解，还可能因有着共同的经历或感受而产生共鸣；另一方面，能够促使双方进一步沟通。不过，在分享这些的时候要注意以下几个方面：

1. 适度原则

你分享的兴趣爱好、生活小事，无论是内容还是时长都应该适度，不要过于私密或冗长，以免让其他人感到不适或尴尬。

2. 需要尊重他人

在分享时，要尊重他人的感受和兴趣。如果观察到有人对分享的内容不感兴趣或感到不适，要即时转换话题或缩短分享时间。

3. 积极、正面的性质

尽量分享积极、正面的生活小事，避免抱怨、批评或传播负能量，这样可以营造积极向上的氛围，让谈话的各方更愿意参与和倾听。

4. 分享要注意时机

可以选择在休息时间、午餐时间或团队聚会等场合进行分享，应避免在工作时间或重要会议中分享个人生活。

5. 避免引起争执

分享兴趣爱好、生活小事时不要和"圈"内成员站在对立面，否则容易让"圈"内成员认为你在挑衅，从而引发争执，因此更难融入新圈子。

说与接的痛点

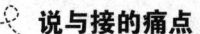

教你止痛

分享自己的兴趣爱好、生活小事是与他人建立信任的一种方式，不仅能够增加人与人之间的了解，还能够促进人际关系。需要注意的是，把握"火候"、懂得技巧很重要。

1. 寻找关联点

当对方提到某个话题或经历时，尝试找到与自己生活相关的内容进行分享。

> 哇，海边度假听起来好棒！我也很喜欢去海边，上次去海边我还尝试了一次冲浪，虽然呛了几次，但真的很刺激！

2. 自然地融入对话

不要生硬地打断对方的话题来分享自己的生活小事，而要在对话的过程中自然地接话。

> 是呀，最近天气真好！我想起上次和朋友们去野餐，阳光明媚，大家玩得很开心。

3. 以故事的形式分享

将生活小事以故事的形式讲述出来，更容易吸引对方的注意力。你可以描述场景、人物、情感等细节，让故事听起来更加生动。

> 最近我尝试了一个新的烘焙食谱，结果没想到烤焦了，整个厨房都弥漫着焦煳味。不过，这让我觉得烘焙很考验技术，你对烘焙感兴趣吗？

六、不小心说错话了，还能挽回吗

痛点面面观

这是我来这家公司的第二周，我所在的策划部有八个人。下午，我们部门开策划会。部门经理先让我们讲述自己的策划案，然后再"头脑风暴"，选出一个可执行的方案。在"头脑风暴"环节，我说："我觉得小郑提出的'8'字型策划案很新颖，很符合当下的市场需求……"话没说完，就看到小郑和小杨互相看了一眼，小杨很不开心的样子，我脑中闪过一个念头："我说错了吗？"等我说完，小郑说："你说错了，那个提案是小杨的。"啊！真的说错了，怎么办？有什么办法可以挽回吗？

说与接的痛点

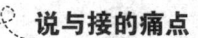

直击痛点

俗语说："人有失足，马有失蹄。"在新环境、新圈子里时，我们即使再小心，也有可能因为下面一些原因而说错话。

1. 对人、环境或话题不熟悉

进入一个新圈子时，我们可能对这个圈子的人、文化、习惯或当前讨论的话题不够了解。这就会导致我们在对话中无意识地说出一些不恰当或冒犯他人的话。

2. 感到紧张或焦虑

与不熟悉的人交往时，人们往往会感到紧张或焦虑。这种情绪可能会影响我们的思考和表达能力，使我们在表达上犯错，说出不合适的话。

3. 快速思考而导致口误

一些场合需要我们快速思考和回应，这就导致我们有时候由于思考速度过快，或注意力不集中，或过于自信而出现口误或说出未经充分思考的话。

4. 缺乏社交技巧

如果我们缺乏倾听、察言观色等社交技巧，可能会在融入新圈子时遇到困难，且容易说错话。

5. 信息不足或误解

在融入新圈子时，如果我们没有足够了解对方的背景、喜好或观点，就可能基于错误的假设或信息来发表意见，说出不合时宜的话。

第八章 害怕面对"新"人，无法融入新圈子

教你止痛

我们在熟悉的环境、圈子里时，如果说错话，其他人可能会包容我们，不会介意。然而，在新环境、新圈子里，意识到自己说错话后，一定要想办法补救，这样才能够挽回我们的形象，更好地融入新集体。

1. 及时认错并道歉

意识到说错话、冒犯别人后，应第一时间向对方道歉，以表达你的歉意和真诚，并简要解释你的初衷或说错话的原因。但要注意，解释不是找借口，而是为了让对方更好地理解你的立场。

> 对不起，我初来乍到，又有些脸盲，所以没分清小杨和小郑，真的不是有意冒犯你们，请原谅。

2. "将错就错"

如果错话一出口或尚未说完就意识到了自己的错误，可以巧妙地将错话接下去，使听者不知不觉地改变原先的思路，从而达到纠错的目的。

> 现在的"人工智障"——越来越多地被"人工智能"替代，我们的生活日渐方便、快捷。

3. 借助幽默来圆场

如果不是在特别正式的场合，我们可以借助幽默的方式来"纠错"，既能缓解紧张的氛围，又能给自己找一个台阶下。

> 哎呀，我刚才把小杨和小郑搞混了，真是不好意思。不过，这也说明我们部门的人都很优秀，让人难以区分！

名人委婉接话回话的经典案例

（一）

有一次，一个外国女士读了学者钱锺书的书，对他佩服得五体投地，给他打电话说要亲自登门拜访。钱锺书在电话里幽默地回应道："如果你吃了一个鸡蛋，觉得味道不错，为什么一定要去认识那只下蛋的母鸡呢？"

案例分析：

> 钱锺书的回应采用了类比手法。他通过比喻将作品（鸡蛋）的价值与作者（母鸡）的个人生活巧妙分离，既肯定了对方对作品的认可，又委婉拒绝了见面请求，幽默中不失体面。

（二）

一次，林肯步行去城里时，一辆汽车从他身后开来。林肯扬手让车停下来，对司机说："能不能替我把这件大衣捎到城里去？"司机问如何归还大衣时，林肯回答说："哦，这很简单，我打算被大衣裹在里头。"

案例分析：

> 林肯使用了特殊的方式让一个陌生的司机接受了他搭顺风车的请求，这充分显示了幽默和机智是与"新"人拉近关系的有效法宝。

第九章

即刻扫码
- AI沟通技巧指导人
- 听·有声伴读
- 拓·知识边界
- 写·读书笔记

无法驾驭话题，只能"尬聊"

  我们在与人聊天时，往往不是找不到话题，而是缺少驾驭话题的能力。驾驭话题的能力越强，我们就越能引导和控制对话的走向，作出更有效的回应，同时创造和维持一个积极、有趣且有深度的对话氛围。

  如果我们拥有良好的话题驾驭能力，就意味着我们面对各种话题，无论是熟悉还是陌生的，都能够迅速找到切入点，并根据对话的进展灵活调整话题的方向和深度。

  如果我们拥有良好的话题驾驭能力，就意味着我们能够敏锐地察觉到对方的情绪变化和话题偏好，找到与对方的共鸣点，增强彼此之间的情感连接。

  如果我们拥有良好的话题驾驭能力，就意味着我们能够掌握对话的节奏，避免对话过于冗长或草草结束，使对话始终保持在舒适、自然的状态。

一、"天要下雨了。""是的。"然后呢

痛点面面观

大姨给我介绍了一个相亲对象,约好了今天见面。我来到约定的咖啡馆,对方已经到了。我们坐下后,互相简单介绍了各自的情况,就不知道说什么了。这时,外面乌云密布,又响起一声雷鸣,他说:"天要下雨了。"我看着天空说:"是的。"他说:"这种天气让人心情有点儿沉闷。"我说:"嗯,可能吧。"说完,我们又陷入了沉默。我感到很尴尬,想必他也如此。怎么才能接住他的话,而不是"尬聊"呢?

第九章 无法驾驭话题，只能"尬聊"

直击痛点

我们和不太熟的人聊天时，"天气话题"是一个安全话题，可以由此渐渐引向双方共同的兴趣、爱好等，使聊天渐入佳境。但是，如果连"天气话题"都接不住，就会使聊天进入"尬聊"阶段，双方不得不匆匆结束对话。

1. 不关注或不屑于聊天气

不同的人对于天气话题的兴趣和关注程度不同，有些人可能觉得天气是一个相对无聊或者不那么重要的话题，因此不太愿意参与讨论。

2. 缺乏接话技巧

知识储备和对话技巧也会影响一个人接话的能力。如果一个人对天气相关知识没有太多了解，或者对话技巧不够娴熟，便会难以从天气引申出其他的话题。

3. 社交环境和氛围影响话题的展开

如果对话的双方关系不够亲密或者氛围不够轻松，就会让人感到紧张或者拘束，难以自如地接上话题，即便是天气话题。

4. 个体的性格和个性影响着对话题的反应

有些人可能比较内向或者不太善于表达自己的想法，因而在接话时会显得比较被动或不太自信。

说与接的痛点

教你止痛

"天气话题"是聊天的一个切入口,但如果不给它加点儿"料",可能就会陷入"尬聊",因而在谈论"天气"这个看似平凡的话题时,我们可以用一些有新意和有趣的方式来让对话变得更有意思。

1. 分享与天气相关的故事或经历

分享一些与天气相关的有趣故事或经历,可以让天气话题更加生动有趣。如果你的分享能够引起对方的共鸣,那么对话就会马上丰富、有趣起来。

> 现在这个大雨将至的场景,让我想起大学时的一件趣事……

2. 利用天气进行有趣的联想和猜测

你可以根据当前的天气状况,进行有趣的联想和推测,这样可以增加对话的趣味性,同时制造轻松愉快的聊天氛围。

> 你觉得这片云彩像什么?是像一座山,还是像一只大象,或是别的什么?

3. 探讨天气对生活、心情的影响

天气对人的生活和心情有很大的影响,你可以与对方探讨这些变化和影响。这样不仅可以增加对话的深度,还可以让天气话题更加有趣。

> 我觉得天气真的会影响人的心情。阴天的时候,我就容易感到疲倦。你呢,天气对你的心情有影响吗?

第九章　无法驾驭话题，只能"尬聊"

二、该不着痕迹地转换话题了吗

痛点面面观

我和一位女同事坐地铁，准备去见一个客户。还有挺长一段路，地铁车厢里的电视上正在播放一部电影的预告片，我俩就聊了起来。她说："我比较喜欢看喜剧片或者爱情片，看起来比较轻松，你呢？"我说："我觉得科幻片更刺激一些。我最近看了一部超级好看的科幻电影，特效超赞的！"她说："是吗？我对科幻不太感兴趣。"我说："真的很好看，你错过了真的可惜。那个主角……"我讲得很兴奋，可是我看到她不时地打哈欠，心想：她可能真的不喜欢科幻电影，我是不是该换个话题了？

说与接的痛点

直击痛点

在聊天过程中转换话题是一项重要的技能，话题转换恰当可以使对话更加顺畅、丰富和有趣，并促进双方的交流和了解。那么，什么时候需要转换话题呢？可以从以下几点判断。

1. 对方的反应

如果对方在对话中表现出无聊、困惑或失去兴趣，这可能是需要转换话题的信号。对方的身体语言，如频繁看表、眼神游离或者打哈欠，也可能暗示着他们对当前的话题不感兴趣。

2. 对话的顺畅性

如果对话出现长时间的沉默、重复的内容，或者对话双方陷入争论、分歧，可能需要通过转换话题来打破僵局或避免引发进一步的冲突。

3. 对话的进展

如果已经充分讨论了当前话题，并且没有明显的新的信息或观点出现，或者对话已经深入某个特定领域，但对方可能感到难以理解或跟上，就可以考虑转换话题。

4. 对话的目的和主题

如果对话有明确的目的或主题，当目的达到或主题讨论完毕时，可以自然地转换话题。如果对话只是漫无目的的闲聊，那么对方的兴趣和反应就是是否需要转换话题的依据。

第九章 无法驾驭话题，只能"尬聊"

教你止痛

转换话题能够有效地避免"尬聊"，但是，如果我们在对方正在发言或情绪高涨时打断他们、转换话题，就会让对方感到不悦或尴尬。因而，转换话题也需要注意时机和方法。

1. 巧妙过渡

我们可以在对方发言的间隙或自然停顿时，巧妙地引入新的话题。在转换话题时，也可以使用一些引导语来过渡。

> 关于这个项目的讨论很有意义，我们已经明确了方向。接下来，我想和大家聊聊关于团队建设的一些想法，大家觉得如何？

2. 关联法

你可以寻找当前话题和想要转换到的新话题之间的关联点，在接话时将对话引至新话题上。

> 说到旅行，我突然想起了最近看的一部关于美食的纪录片。你对美食有没有兴趣？

3. 观察法

根据对话环境或现场的情况，观察并引入与新话题相关的话题。

> 这家餐厅的装潢真有特色，让我想起了之前去过的一个画展。你有没有看过类似的展览？

4. 利用热点法

利用当下的社会热点话题，引入新话题。

> 你也在关注AI吗？我最近在社交媒体上看到很多有关AI应用的新闻，不知道你对此有什么见解？

三、我们的共鸣在哪里

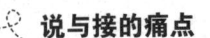

痛点面面观

下班前,我收到男孩的微信,约我见面吃饭。这是我们第二次见面,我坐上他的车,他说:"你想吃点儿什么?"我说:"我最近在尝试素食,感觉身体都轻盈了。"

他说:"素食呀……我觉得不太好吧,毕竟吃肉更有营养嘛。"我说:"其实素食也有很多营养的,比如豆制品的营养价值就很高。"他说:"我还是觉得吃肉好,不吃肉怎么行呢?"

我尴尬地说:"哦……那……你一般都吃什么肉?"怎么办?快聊不下去了,在这件事上我们完全没有共鸣啊!

第九章 无法驾驭话题，只能"尬聊"

直击痛点

"尬聊"通常指的是一种不自然、尴尬或不顺畅的对话。当对话缺乏共鸣时，就很容易出现"尬聊"的情况。这是为什么呢？原因大概有以下几点：

1. 对话双方找不到共同话题

如果对话双方的兴趣、经历或关注点大相径庭，就很难找到共同话题来展开深入的讨论，对话自然变得表面和机械，对话双方就难以进行真正的情感交流。

2. 对话双方存在情感隔阂

当一方或双方无法理解和感受对方的情感和立场时，对话就会显得冷漠和疏离。情感隔阂会阻碍双方产生深层次的联系和共鸣，导致对话变得尴尬和困难。

3. 听者没有给予回应

如果一方在表达自己的观点、感受或经历时，另一方没有给予积极的回应或反馈，就会使对话陷入尴尬境地，进而陷入僵局，难以继续。

4. 对话一方或双方缺乏沟通技巧

有时候，即使双方有共同的话题和兴趣点，但由于没有掌握有效的沟通技巧，也可能导致对话变得尴尬。

5. 对话双方存在文化或背景差异

当对话双方拥有不同的文化或背景时，可能会因为语言、习俗或价值观的差异而产生误解或隔阂。这些差异会阻碍双方产生共鸣，出现"尬聊"情况。

说与接的痛点

教你止痛

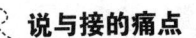

与对方产生共鸣是实现良好沟通和深入交流的关键。找到双方有共鸣的话题需要一定的时间,不过,我们可以运用一些技巧和方法迅速地找到。

1. 观察并询问对方的兴趣爱好

可以观察对方的穿着、配饰、书籍或墙上的装饰物等,来推测对方可能感兴趣的话题。

> 哇,你提琴形状的手链好漂亮,你喜欢拉小提琴吗?

2. 谈论共同的朋友或熟人

如果你们有共同的朋友或熟人,他们就可以成为一个很好的话题。

> 我听说你最近和小贾一起参加了一个公益活动,他是我的好朋友,你是不是也觉得他人帅心善?

3. 提及近期热门话题或事件

提及最近的热门事件、新闻或社交媒体上的流行话题,并询问对方的看法。

> 你有没有看"四大天王"都参加的那个新综艺节目?我觉得挺有意思的!

4. 分享自己的经历和感受

分享一些与对方可能产生共鸣的经历或感受,并询问对方是否有类似的经历。

> 我觉得最近的瑜伽课程有点儿难,你练的时候是怎么突破难点、掌握新动作的呢?

四、遇上负面话题，让我说什么好

痛点面面观

一星期前，我跟女朋友约好今天下班后一起吃晚饭。女朋友到了之后，我们点了餐。等餐的时候，她说："哎呀，我今天真是倒霉！早上上班路上大堵车，结果迟到了，又恰好碰上老板早到，被老板骂了一顿。"我笑着说："哈哈，这有什么好抱怨的。谁叫你不早点儿起床呢？"女朋友变了脸说："你……你……"然后就不怎么说话了，我觉得好无奈。她抱怨的时候，我真不知道说什么好。

说与接的痛点

直击痛点

负面话题通常指的是那些可能引发负面情绪、争议、压力或不适的讨论主题，如人际关系中的争吵、背叛、分手等，经济方面的失业、债务等，健康方面的疾病、疼痛等，以及个人的失败和挫折等。聊这些方面的话题是有一些难度的，原因大概有以下几点：

1. 进一步引发负面情绪

负面话题本身就带有强烈的情绪色彩，聊不好就很容易引发对话双方的不安、焦虑、愤怒等负面情绪，导致对话变得紧张，甚至失控。

2. 不好把握话题的深度

很多负面话题涉及个人的敏感点或隐私，如家庭问题、健康状况、职业挫折等。在聊这些话题时，如果把握不好度，就可能无意中触及对方的痛点或暴露对方的隐私。

3. 需要理解和共鸣

负面话题通常会传达负面情绪，而负面情绪需要深度的理解和共鸣才能消解。可是，每个人都有自己的看法和感受，所以不是谁都能理解对方，并与对方产生共鸣的。

4. 需要有情绪管理能力

聊负面话题时，维持对话的积极氛围更加重要。这需要双方都具备一定的情绪管理能力，能够在表达不满和困扰的同时，保持冷静和理性，避免对话陷入消极和悲观的氛围之中。

第九章　无法驾驭话题，只能"尬聊"

教你止痛

负面话题在日常生活中很常见，跟合适的人聊负面话题，可以让我们将积压的负面情绪表达出来，从而将心态从消极变成积极。要想达到这样的对话效果，听的一方在接话回话时就要懂得一些方法和技巧。

1. 表达理解和共鸣

通过表达理解和共鸣，让对方知道你是站在他们的角度思考问题的，这样他们会更愿意继续和你交流。

> 听起来你今天过得很不顺心哪，堵车和迟到确实会让人心烦。

2. 询问更多细节

通过询问更多细节，可以更深入地了解对方的问题，并给出更具体的建议。同时，这也能让对方感到被重视和被关注。

> 能跟我说说具体是怎么回事吗？或许说出来会感觉好一些。

3. 提供积极反馈

即使对方的情况看起来不太乐观，你也可以通过提供积极反馈来鼓励对方。这有助于缓解对方的负面情绪，让他们更愿意继续和你交流。

> 你已经做得很好了，这种情况确实很难处理。

说与接的痛点

五、又冷场了，如何破

痛点面面观

我和高中时代的朋友刘小蒙终于联系上了，并约好了去逛街。那天，我们在步行街路口见到后觉得很亲切，可是几年不见，还是有些陌生。我们边逛边聊，路过一家书店时，她说："最近我读了一本小说，故事情节特别吸引人。"我说："哦，是吗？我很少看小说。"她说："那你这几年喜欢看什么？"我说："偶尔看看电影吧。"她说："那你最近看了什么电影吗？"我说："没有，最近工作比较忙，没时间看电影。"她不说话了，我也不知道该说什么。冷场了，好尴尬。不知道为什么，我和别人聊天时总是会冷场，怎么办？

第九章　无法驾驭话题，只能"尬聊"

直击痛点

冷场是指在社交互动或谈话中，由于话题缺乏或兴趣不匹配等原因，导致对话时出现的话题中断、沉默尴尬等情况。虽然冷场在社交场合比较常见，但频繁冷场会对社交互动造成一些负面影响。

1. 形成尴尬的对话氛围

冷场会让对话双方感到尴尬和不自在，使社交氛围变得紧张或压抑。

2. 兴趣丧失、沟通不畅

如果总是冷场，双方可能会失去继续交流的兴趣，使对话变得敷衍或提前结束。此外，由于双方无法有效地沟通思想和感受，也会导致信息交流不畅或产生误解。

3. 关系逐渐疏远

如果频繁冷场，双方会觉得彼此难以沟通或缺乏共同语言，最终渐行渐远。

4. 错失可能的机会

在商务或职业场合中，冷场可能会导致双方无法有效地交换信息、表达诉求，甚至错失重要的合作机会，对事业产生负面影响。

5. 给人印象不佳

在初次见面或重要场合中，冷场可能会让对方觉得你缺乏社交技巧或对话题不感兴趣，从而给对方留下不好的印象。

6. 产生社交焦虑

冷场可能会加重一些人的社交焦虑，让他们更加担心自己的表现，更在意他人的评价，影响他们的社交能力和自信心。

说与接的痛点

教你止痛

虽然我们不希望冷场的情况出现，但是如果出现了冷场，我们还是要采取一些措施来巧妙应对，使对话更加顺畅和有趣。

1. 重提旧话题

冷场的时候，可以重提旧话题。例如，将之前对方说话时，你想问却没有机会问的问题问出来，或是将之前未能说出的想法说出来。

> 你刚才说，你看的小说很吸引人，能给我讲讲吗？我也开拓一下新领域。

2. 用模糊句式开启一个新话题

冷场时，可以用模糊句式"……吧"开启一个新话题。因为这个句式对回答的限制很少，双方的思考空间更大，思路也更宽，所以可以畅所欲言，将对话继续进行下去。

> 最近挺忙的吧。/这几年挺好的吧。

3. 用"我想请教你一下"打破冷场

对话时，我们对对方多少是有些了解的，所以冷场时可以说"我想请教你一下，……"，自然地将话题转至对方的工作或者爱好，对方就会愉快地开启话匣子了。

> 我想请教你一下，猫咪好养吗？它都吃些什么？

六、遇上专业人士，怎么聊

痛点面面观

中午，同事小江临时拉着我跟他去见一位摄影师，他想请这位摄影师为公司拍摄宣传片。小江和摄影师刚谈了几分钟，他的电话就响了，接完电话他对摄影师说："我老婆好像要生了，我得马上送她去医院。抱歉！我先走了，我同事再跟你聊聊。"小江走了，可我对摄影一窍不通，怎么聊哇？摄影师说："你了解摄影吗？"我说："不怎么了解。"摄影师说："你知道你们公司想要的拍摄风格吗？"我嗫嚅着说："也不怎么了解……"摄影师沉默了，我们都很尴尬。

说与接的痛点

直击痛点

我们在生活中，难免会与自己不熟悉的领域中的专业人士交流，与他们对话，我们可能会觉得有些困难。这是因为和专业人士交流，大概有以下几方面的难点：

1. 专业知识的壁垒

专业人士通常具备了深厚的专业知识和技能，因此，在交流过程中，非专业人士可能难以理解专业术语和讨论内容。专业知识的壁垒可能导致一方在对话中难以找到共同话题。

2. 信息不对等

与专业人士聊天时，非专业人士往往缺乏相关的背景信息和行业知识。这种信息不对等可能导致双方在对话中产生误解或沟通障碍。

3. 话题深入度

专业人士通常对自己所在的领域有深入的研究和了解，他们可能希望就某个话题进行深入的讨论。然而，对于非专业人士来说，可能难以进行这种深入的讨论，甚至对讨论的内容感到陌生和困惑。

4. 尊重和信任的建立

与专业人士聊天时，非专业人士可能会感到自己的地位和能力被贬低或忽视。这会让他们在对话中缺乏自信，难以表达自己的观点和想法。同时，专业人士可能会因为对方缺乏专业知识而对其观点持怀疑态度，进一步增加了沟通的难度。

教你止痛

通常，我们认为聊天就是彼此分享等量的信息。其实不然，有时候我们可以做一个倾听者，向专业人士学习，了解自己不熟悉的领域，如此，聊天依然可以轻松自如地进行。

1. 展现兴趣

如果我们表现出对这个话题的兴趣，对方就会有兴致继续说下去。

> 虽然不是很了解，但是我一直对摄影很感兴趣，只是之前了解得不多。你能给我讲讲吗？

2. 提开放式问题

开放式问题是一种允许回答者自由回答，不限制答案或回答形式的问题。这种问题通常没有固定的答案，而是鼓励回答者提供详细的解释、描述、观点或例子。开放式问题可以让回答者畅所欲言，使双方进行更深入的对话和交流。

> 你最喜欢的摄影风格是什么？为什么？

3. 关联到日常生活

当专业知识和日常生活有关联时，这些知识就变得更加具体和易于理解，同时增加对话双方的共同话题。

> 虽然这个理论听起来很复杂，但我想，它是不是和我们在日常生活中观察到的某些现象有点儿类似？

名人委婉接话回话的经典案例

（一）

英国前首相威尔逊在一次演讲中，被台下的一名反对者高声打断，说他是"狗屎！垃圾！"

威尔逊听到后不慌不忙地说："这位先生，请稍安勿躁，我马上就会讲到你刚刚提出的环保的问题。"

案例分析：

威尔逊不仅没有因为被打断、被辱骂而恼怒，还将对方的无理言论转化为演讲的内容，展现了他的机智与风度，自然赢得了在场所有人的掌声。

（二）

英国作家狄更斯有一次在河边偷偷钓鱼，一位陌生人走过来问狄更斯是否在钓鱼，狄更斯回答说："今天很倒霉，一条也没钓到，但昨天在这里钓到了十五条大鱼。"陌生人随即表明身份，说他专门抓偷偷钓鱼的人，并准备给狄更斯开罚款单。这时，狄更斯反问陌生人是否知道他是谁，并说："我是作家狄更斯，你不能罚我，因为虚构故事就是我的职业。"

案例分析：

狄更斯在关键时刻不仅巧妙地转换了话题，还以自嘲的方式化解了尴尬，展现了机智应变、善于驾驭话题的能力。

第十章

面对尴尬问题，难以得体回应

面对复杂的社会、复杂的环境和复杂的人性时，我们常常会遇到各种各样的棘手问题。在对话时，我们也常常会遇到不好回答的、令人尴尬的问题。

面对这些问题，我们需要有技巧地回应并保护自己。首先要做到的是坚守自己的尊严和边界，不被他人侵犯，有正确的自我认知，增强自我价值感；其次是尽量减少或避免负面情绪对自己的伤害，保持稳定和积极的情绪。面对棘手问题时，如果我们能够保持冷静、理智和礼貌，展现出自信和风度，就会给他人留下正面的印象。这种正面的印象，有助于我们在社交场合中赢得更多的尊重和信任。

说与接的痛点

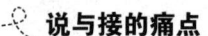

一、他在给我"挖坑",我要如何避开

痛点面面观

在最近完成的一个项目里,我负责了很多工作。该项目不仅达到预期目标,还有额外收获。因此,公司总经理注意到了我,让项目组组长带着我一起去见他。之后,我总觉得组长怪怪的,但也没在意。今天我因地铁故障迟到了,中午休息的时候,碰见组长,聊了两句后,他说:"你觉得咱们公司的考勤制度怎么样?有没有什么需要改进的地方?"我突然反应过来,他是在给我"挖坑",如果我对公司有什么怨言,估计很快就会传到总经理耳中。我该如何回话才能避开这个"坑"呢?

你觉得咱们公司的考勤制度怎么样?有没有什么需要改进的地方?

他这么问是在给我"挖坑"吧?我才没那么傻呢!

第十章 面对尴尬问题，难以得体回应

直击痛点

"挖坑"指的是在对话中给别人设置陷阱。有些"坑"是有意挖的，有些则是无意的。不过无论是哪种，只要我们了解了别人"挖坑"的原因，就能够在一定程度上避开"坑"。

1. 为了测试你或给你挑战

有些领导可能试图通过提出有争议或难以回答的问题来测试你的反应能力、知识水平或解决问题的能力，以便更好地了解你的能力或性格。

2. 你处在复杂的人际关系之中

在职场中，人际关系比较复杂。有些人可能会通过"挖坑"来影响你的地位或声誉，以便自己能够获得更高的地位和更多的利益。

3. 因为嫉妒或不满

如果你在工作中表现出色，或得到了领导的认可，就可能会引起某些人嫉妒或不满。出于这种心态，他们可能会通过"挖坑"来降低你的声誉、破坏你的工作成果。

4. 由于误解或沟通不畅

有时候，别人可能对你的意图或能力产生了误解，因此提出了一些不恰当或具有挑战性的问题，这对你而言也是在"挖坑"。

5. 个人的矛盾和恩怨

如果你与某个人出现了矛盾或纠纷，他们可能会通过"挖坑"来报复你或使你难堪。

说与接的痛点

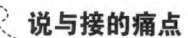

教你止痛

意识到对方在"挖坑"时,我们首先要保持冷静,然后选择合适的方式来接话回话,既要维护自己的声誉和尊严,又要避免直接攻击对方。

1. 直面问题,明确回应

面对"坑",要保持冷静和自信,用客观的、明确的和积极的回应来维护自己的立场和利益,让对方无可挑剔。

> 公司的制度都有其合理性和必要性,但制度也需要根据实际情况调整和优化。如果我有什么建议或意见,我会通过正式渠道向公司提出。

2. 转移话题

当对方的问题或话语带有攻击性或挑衅时,你可以转移话题,避免直接回应。

> 哦,说到那个,我前两天遇到一件特别有趣的事,你想听听吗?

3. 用幽默来化解

幽默是"避坑"的好方法。你可以用轻松幽默的方式回应对方,使双方都不尴尬。

> 你这思路像火箭,我差点追不上,好在我有"加速秘诀",跟上啦!

4. 反问对方

当对方的问题让你感到不舒服或难以回答时,你可以尝试反问对方,将问题抛回去。

> 你是从哪里听到这个消息的?我提交的数据都经过了反复核对。

二、我该怎么应对他/她的嘲讽

痛点面面观

周末的早晨，我开心地去父母家看望他们。走到熟悉的小巷时，我碰到了一个穿得花里胡哨的人。她也看到了我，说："这不是老同学王娜吗？"我停下来看着她，辨认了一会儿说："你是小学同学姜丽丽？"她说："你可真是贵人多忘事，这么快就把我忘了。"我说："没有没有，只是好久不见，一时没想起来。"她绕着我转了一圈说："啧啧，看看你这件衣服，真是过时得可以，是不是你从古董店里淘来的？"我一时语塞，竟然不知道该怎么回复她的嘲讽："我，我……"

说与接的痛点

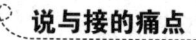

直击痛点

在生活和工作中，我们难免会遇到一些嘲讽自己的人。为了使谈话步入正轨，弄清楚他们嘲讽我们的动机和原因是关键。

1.内心自卑

讽刺别人也是一种防御机制。一些内心自卑的人会通过嘲讽他人来自我安慰，增加自己的优越感。

2.缺乏自信

缺乏自信的人看到别人在某些方面比自己更出色时，可能会感到不满和嫉妒，进而通过讽刺的方式来表达这种不满。

3.寻求关注，刷存在感

有些人可能觉得自己在当下的环境中被忽视，便通过讽刺他人的方式来引起争议或冲突，从而吸引他人注意或让自己脱颖而出。

4.缺乏同理心和同情心

有些人可能天生较为冷漠，缺乏同理心。在他人遭遇困难或不幸时，这些人可能难以感同身受，会去嘲讽他人而不是表达同情。

5.攻击性强

攻击性强的人可能习惯以尖锐、刻薄的语言来表达自己的不满或敌意，不顾及他人的感受。

6.竞争关系

在学业或职场中，一些人可能会通过嘲讽竞争对手的方式，来达到削弱对方自信心和竞争力的目的。

第十章　面对尴尬问题，难以得体回应

教你止痛

当我们不得不面对嘲讽时，要保持冷静和理智，不要被嘲讽激怒，让对方的行为影响我们的情绪；同时要尽量避免直接反击，以免加剧冲突，使情况变得更糟。我们可以尝试以下几种回话方式来化解尴尬，同时展现出自己的成熟和自信。

1. 化"敌"为"友"

通过把对方和我们捆绑在一起的方式，从而把对方的嘲讽转化为对我们有利的信息。

> 谢谢你的关心，我确实一直在努力提升自己，也许有一天我能成为你羡慕的对象呢。

2. 用反话来表达不屑

通过制造冷场或简洁有力的回应来表达自己的不屑，让对方感到无趣或知难而退。

> 对对对，你说的都对。

3. 以其人之道还治其人之身

照搬对方的句式句型，回应对方。

> 是啊，反正你也要加班，那就顺带把我这方案也做了吧。

4. 避重就轻

可以通过故意曲解对方的意思，避重就轻地回应。

> 哈哈，你说对了。我专门从古董店买了这套衣服，现在很流行复古风。

说与接的痛点

三、竟然当众揭我短

痛点面面观

在周四的部门例会上,我们需要讨论各自的新项目方案。我做了充分的准备,信心十足。几个小组组长按次序一一汇报着,稍微休息后就该我讲了。这时,已经讲完的小邱突然对我说:"我记得你上次提交的方案被客户否定了,你当时是怎么想的?"我脑袋"嗡"地响了一下,他竟然当众揭我短,而且是在这个关键时刻。大家都在看着我,我该怎么回答?

我记得你上次提交的方案被客户否定了,你当时是怎么想的?

他竟然当众揭我短,而且是在这个关键时刻。我该怎么回击呀!

第十章　面对尴尬问题，难以得体回应

直击痛点

当众揭短这种行为不仅可能伤害到别人，还会破坏整个社交的氛围。我们应该努力避免出现这种行为，与他人建立积极、健康的社交关系，但如果被别人当众揭短该怎么做呢？了解揭短行为出现的原因，能够让我们以更好接话和回话方式来应对这一情况。

1. 较强的控制欲

有些人喜欢通过揭他人之短来控制局势，影响他人的决策、行动，以满足自己的控制欲。

2. 渴望获得注意和认可

有些人通过揭他人之短来吸引注意力，以此满足自己的虚荣心和存在感。这种行为是他们寻求认同感和自我价值的一种表现。

3. 转移社交压力

在某些社交场合，人们可能会感受到一定的社交压力，为了减轻自己的不安感，他们可能会选择揭他人短以转移别人对自己的注意力。

4. 缺乏社交技能

有些人缺乏社交技能，不知道如何以更恰当的方式表达自己的观点或感受。在尴尬或紧张的情况下，可能会选择揭他人短的方式来帮助自己表达态度。

5. 维护面子

有些人可能很在意面子和尊严，当他们感到自己在某些方面不如他人、产生自卑感和挫败感时，便可能选择揭他人之短以掩盖自己的心虚。

说与接的痛点

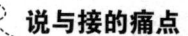

教你止痛

别人当众揭自己的短，确实是一件令人气愤的事，但即便你认为对方是无理取闹或满怀恶意，也要保持冷静和理智，不要陷入情绪化的争论之中。保持风度和礼貌才是妥善处理这类情况的法宝。

1. 明确回应但不攻击

直接回应对方的观点，但避免使用攻击性的语言。你可以表达自己的立场，但不需要过度辩解或与对方争论。

> 哈哈，你说得对，我确实还有很多需要学习的地方。不过我相信通过不断努力和积累经验，我会逐渐变得更好。

2. 转移话题

如果情况不允许或你不希望继续讨论这个话题，可以巧妙地转移话题。

> 那都是过去的事情了，我们不是在讨论新的项目计划吗？我有一些新想法想和大家分享。

3. 妙用比喻

用生动的比喻来形容自己的"缺点"，让对话更有趣味性。

> 哎呀，我的记忆力就像鱼的记忆一样，只有几秒钟。所以，请原谅我的健忘，这次的事情我会记到本子上！

4. 逆向思维

从一个全新的、意想不到的角度回应对方的揭短行为。

> 是呀，我这是慢工出细活。虽然速度慢，但质量绝对是有保障的哦！

四、他凭什么对我进行言语攻击

痛点面面观

下班前，我接到男朋友电话，他约我见面吃饭。我很开心，准备下班时，老板过来说有一份很急的文件需要我修改几处内容，我匆忙给男朋友发了微信解释，就开始忙碌。文件改好时，距我们约定的时间已经过去半小时了。我赶到饭店，男朋友已经等得不耐烦了。他说："你怎么才来？"我说："老板临时让处理一份着急的文件。"他突然大声说："他让你加班你就加班？你怎么这么愚蠢，真是个笨蛋，找个借口拒绝都不会吗？"我惊呆了，他凭什么对我言语攻击？周围的人都看着我，我不知道怎么反驳他，只想赶快离开这个地方。

说与接的痛点

直击痛点

言语攻击是指通过辱骂、嘲笑、诋毁、蔑视等语言来攻击、伤害或贬低他人的行为。有可能是直接攻击，如谩骂、侮辱、诋毁等，也有可能是间接攻击，如制造谣言、散布谣言、恶意中伤等方式。无论哪种，都会给被攻击者造成伤害。之所以会出现言语攻击，可能有以下一些原因：

1.负面情绪的累积

当一个人长期处于愤怒、压抑、嫉妒等负面情绪时，他们可能会通过言语攻击他人的方式来宣泄。

2.自控力差和道德感缺失

一些人可能缺乏自我控制能力或没有道德底线，容易受冲动驱使，无视他人感受，随意地言语攻击他人。

3.人际冲突

在人际关系中，由于利益、性格、价值观等方面存在差异，可能会产生较大冲突和矛盾，这种情况下，言语攻击行为更容易出现。

4.个人经历和背景

个人的经历和背景，如家庭环境、教育经历、社交圈等，都可能影响他们对别人的态度和行为。

5.没有道德约束

不愿受道德约束的人可能很难意识到言语攻击他人会给他人造成哪些伤害，因此更容易出现这种行为。

第十章 面对尴尬问题，难以得体回应

教你止痛

被言语攻击时，不要被攻击者的言辞激怒，保持冷静和理智是应对攻击的第一步。对于严重且恶意满满的言语攻击，我们可以通过报警来保护自己。一般情况下，我们可以采取一些巧妙的应对策略来维护自己的尊严，同时避免冲突升级。

1. 平心静气，自我肯定

面对言语攻击，我们不要陷入自证陷阱，而是要保持自信，平心静气地说出自己的观点，让对方有"一拳打在棉花上"的感觉。

> 别人是别人，我是我。大家都有各自擅长的事情，我没那么自恋，什么都要比人强。

2. 以退为进

遇到言语攻击，我们可以以退为进，在对方以为得逞的时候再指出对方的缺点，让对方知难而退。

> 我是很笨，不会找借口，可是我有教养。

3. 反问接话

用反问的方式将问题抛回攻击者，迫使他们思考自己的言辞是否合理。

> （对方说："你这样做是不是有病啊？"）我还正想问你呢，怎么每次跟你在一起就犯病，要不咱俩一起去查查吧？

说与接的痛点

五、遭遇窘境时，我怎么解围

痛点面面观

公司提前完成了半年的销售目标，为了鼓励大家，公司举办了晚会，还鼓励大家表演节目。那天，公司的员工都悉心准备，我也穿着精心挑选的长裙和高跟鞋，一边跟同事聊天，一边走进会场。会场的地毯有一块儿不平整，我不小心被裙摆绊倒了。同事发出了惊慌失措的声音，真是大型"社死"现场。我尴尬至极，真想原地消失。怎么办，怎么办？

第十章　面对尴尬问题，难以得体回应

直击痛点

"社死"，网络流行语，通常指的是在公众场合或社交环境中发生的极为尴尬、令人难堪的情况，这些情况往往是由某些失误或意外而导致的。面对突如其来的尴尬场面，很多人由于以下一些原因，不知道如何为自己解围。

1. 没有心理准备而惊慌失措

当尴尬情况突然发生时，一些人可能会因为缺乏心理准备而感到惊慌失措，不知道如何应对。

2. 自尊心过强

有的人可能因为自尊心过强，不愿意承认自己的错误或失败，从而拒绝或无法采取适当的行动来为自己的尴尬现场解围。

3. 不懂社交技巧

社交技巧在窘境时解围时至关重要。一些人可能缺乏社交技巧，如幽默感、情绪管理、沟通能力等，导致他们无法妥善地应对尴尬局面。

4. 紧张或焦虑

在窘境时，人们常会感到极度紧张或焦虑，这种状态会影响他们的思考和判断能力，使他们无法冷静地分析情况，找到合适的解围方案。

5. 缺乏经验

对于没有经历过类似情况的人来说，置身于尴尬现场可谓是一个"全新的挑战"。他们没有应对的经验，也不知道该采取哪些行动来化解尴尬。

说与接的痛点

教你止痛

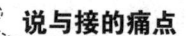

"社死"现场千奇百怪，在面试、演讲等场景下出现口误时，可以不去纠正、将错就错，专注于后续内容。如果后续内容很精彩，其他人会忘掉曾经发生的尴尬场面。不过，有些尴尬场面中，我们可以利用自己的社交技巧和应变能力，将窘境转化为轻松愉快的时刻，为自己解围。

1. 适当自嘲来解围

用自嘲的方式给自己一个台阶下，不仅可以缓解尴尬，还能展现你的幽默感和自信。这适用于任何因个人原因导致的尴尬场景。

> 哈哈，看来我太期待在晚会上为大家表演节目了。现在就表演了一个"完美落地"。

2. 前话说错，后话弥补

通过后续的内容来修正或补充前面的错误，这适用于演讲、讲座或对话中出现错误或遗漏的情形。

> 刚才有个地方我说错了，那个占比应该是5%，而不是7.5%。

3. 道歉后转移话题

如果"社死"现场给别人造成了困扰或让他们不舒服，要真诚道歉，并适时转移话题。

> 哎呀，真是抱歉，我刚刚竟然把名字弄混了。不过，我听说你最近完成了一个很棒的项目，能和我分享一下经验吗？